北京大学刑事法治研究中心
北京大学犯罪问题研究中心
浙江大学光华法学院
北京市盈科律师事务所

共同出品

刑法新青年

诈骗罪的理论与实务
全国青年刑法学者实务论坛（一）

车浩 主编
李世阳 赵春雨 副主编

北京大学出版社
PEKING UNIVERSITY PRESS

图书在版编目(CIP)数据

诈骗罪的理论与实务：全国青年刑法学者实务论坛.一／车浩主编.—北京：北京大学出版社，2021.6
ISBN 978-7-301-32165-2

Ⅰ.①诈… Ⅱ.①车… Ⅲ.①诈骗罪—学术会议—文集 Ⅳ.①D914.04-53

中国版本图书馆CIP数据核字(2021)第074265号

书　　　名	诈骗罪的理论与实务：全国青年刑法学者实务论坛（一）
	ZHAPIANZUI DE LILUN YU SHIWU：QUANGUO QINGNIAN XINGFA XUEZHE SHIWU LUNTAN(YI)
著作责任者	车　浩　主编
责任编辑	杨玉洁　靳振国
标准书号	ISBN 978-7-301-32165-2
出版发行	北京大学出版社
地　　　址	北京市海淀区成府路205号　100871
网　　　址	http://www.pup.cn　http://www.yandayuanzhao.com
电子信箱	yandayuanzhao@163.com
新浪微博	@北京大学出版社　@北大出版社燕大元照法律图书
电　　　话	邮购部 010-62752015　发行部 010-62750672
	编辑部 010-62117788
印　刷　者	北京虎彩文化传播有限公司
经　销　者	新华书店
	650毫米×980毫米　16开本　14印张　194千字
	2021年6月第1版　2021年12月第3次印刷
定　　　价	59.00元

未经许可，不得以任何方式复制或抄袭本书之部分或全部内容。
版权所有，侵权必究
举报电话：010-62752024　电子信箱：fd@pup.pku.edu.cn
图书如有印装质量问题，请与出版部联系，电话：010-62756370

"刑法新青年"总序
让青年学者的光芒被看见

1949年中华人民共和国成立以来,历经几代学者的艰辛探索,累积几代学者的卓越贡献,刑法学在构建理论和指导实践两个维度,均取得了长足进步,但近年来也都开始面临瓶颈。一方面,一些源于实践但未能提升的经验性知识难脱碎片化和常识性,不能满足理论体系化和纵深发展的内在需求。另一方面,中国社会每年有数百万起刑事案件,疑难复杂问题层出不穷,司法前线亟需理论驰援。然失之于粗疏的传统学说无力应战,解释力捉襟见肘,说服力常显不足。当代中国刑法学在前进中,逐渐抵达旧有研究范式的边界。

突破边界的希望在青年刑法学者身上。青年代表着活力和创新。青年时期的作品未必成熟,却是一个学者最有锐气和激情的探索,预示着一个学科临界知识的裂变,遥见个人未来学术巅峰的气象。立足于前辈学者积累的传统,受益于学术开放的新风,当代青年刑法学者起点更高,比较法的视野更加开阔,学术训练更加规范,是深耕概念体系和探索前沿法理、促进刑法理论纵深发展的先锋。

不仅在理论发展上，青年学者还被寄托了沟通实践的希望。刑法理论面对的，固然有所有时代共同面临的深刻的哲学和伦理问题，但与时俱变的实定法底色，决定了它更需要面对当下时代最紧迫的社会问题。在这个意义上，部门法理论有着独特的任务，它不能"躲进小楼成一统"，成为仅供同道中人哲思之乐的逻辑游戏，更不是移植国外理论亦步亦趋的"留声机"，它必须为本国的司法实践提供解决具体问题的理论方案。有更多机会接触到各国先进刑法理论与判例经验的青年学者，也有更大的责任推动理论的本土化与实务化。这不仅是中国刑法学实现学术自主的必由之路，也是青年刑法学者不能回避的学术使命和社会责任。

尽管青年学者有诸多重要角色和使命，当下学界的生态，却往往是青年学者处在"出头不易""不被看见"的窘境。大多数时候，他们的光芒都被遮蔽了。一方面，学者的研究成果多以论文形式面世，各种职称评定、学术评奖也常与论文挂钩，因此，论文发表对青年学者至关重要。但是，法学期刊版面有限、僧多粥少，发表殊为不易。对于要处理海量来稿的编辑而言，以声誉背书的名家稿件，确实会占据一些降低选检成本的优势。与之相比，尚未成名的青年学者的稿件，只能纯粹依靠论文水准比其他人明显高出一筹，才可能得到编辑的青睐，其难度可想而知，也常导致一些优秀的论文成为遗珠。

另一方面，各种会议、论坛、沙龙，是学者之间交流思想、切磋经验甚至华山论剑的重要机会，但是绝大部分青年学者在这些场合很难出头露面，而只能充当听众和分母。在学界与实务界的沟通上也是如此。无论是立法、司法活动还是律师、法务实务，往往将橄榄枝递向了名家大咖。青年学者很少有了解实践中的真问题和经验智慧的渠道。很多青年学者的文章被批评"翻译腔""不接地气""只会谈外国问题"，其中也有接触实践的机会太少的原因。即使一些研究成果确实为实践中的难点提出了较之一些名家观点更有解释力的方案，但同样是因为知名度的原因而人微言轻，不被实务工作者得知或重视。在一定程度上，这又反过来进一步驱使青年学者远离本土实践，因为只有在那个更加趋向纯粹思辨的封闭的概念世界中，青年学者才能为自身及其研究找到存在的意义。

这种论资排辈的沉闷风气应该破除了。打造一个真正以青年刑法学者为主角的学术舞台，让学界和实务界更多地看见青年之光，这就是"刑法新青年"系列学术活动的追求。按照目前的想法，它包括"全国青年刑法学者实务论坛"与"全国青年刑法学者在线讲座"两个系列。线下的"实务论坛"定位在理论与实务的贯通，围绕实务争点，鼓励青年学者运用理论滋养实践需求，也用实践智慧反哺自身的学术研究。线上的"在线讲座"旨在展现青年学者最新的理论探索，鼓励青年学者把个人独思所得的成果，通过在线方式更广泛地传播，使得同道之间有更多相互砥砺的机会，腹心相照，声气相求。"刑法新青年"的这两个系列活动，虽然在理论和实务方面各有侧重，但是共同点在于，它们没有地域之别，也没有门户之见，是专门为全国青年刑法学者量身打造，为全国青年刑法学者一身专属的。

既然是青年学者的活动，就要有青年活动的样子。我寄希望于通过"刑法新青年"的系列活动，开辟"宽严相济"的会议新风。一方面，充分体现对青年学者的礼遇，让青年学者参加学术活动感受到被尊重。论坛和讲座均采取邀请制，所有受邀者参加活动的费用，包括参加现场会议的交通和食宿费用，以及参加线上讲座的主讲和评论费用，都由邀请方负责解决。另一方面，从一开始就约定现场办会的规则：（1）所有参会者自行到会和离会，除年长的前辈或者特殊情形外，承办单位一律不安排接送事宜。（2）会场没有事先摆放座位顺序，而是由参会者入场前领取自己的座签，入场后随意就座。所有办过会的人都深知，这些细节实是令办会者头疼和费心的事务，有时看似安排得周到妥帖，实际上办会师生的精力都投入其中，很难再有时间坐下来听会学习。长此以往，办会负担令人生畏，学术会议也流失了其中的学术性。因此，革新会风，不妨就从青年学者的会议开始。

  帮助比自己更年轻的青年学者，让他们的光芒被看见，有此想法时，我刚过四十。虽然我也明白，在这个年龄未必适合做这种事情，因为把时间和精力投入自己的研究著述中，对一个学者来说才是最符合学术规划也收益最大的选择；况且办活动总是要协调各种关系，这对于性格上不善社交的我来说也是个负担。不过，世事无常，回头去看，很多事情都难讲是理性构建、循序渐进的产物，而是自生自发、随缘流转的因果。尽管"青年"的年龄边界在当代观念中一再扩大，但我个人心态上早有浮生苦短之感。人生无根蒂，飘如陌上尘。及时当勉励，岁月不待人。立言杀敌，行乐积善，都当及时。我体会过青年学者刚出道时的不易，也曾受惠于前辈学者的厚爱提携，当因缘到来时，就不再犹豫。"天下事，在局外呐喊议论，总是无益，必须躬身入局，挺膺负责，乃有成事之可冀。"

北京市盈科律师事务所襄助学术的热情，特别是对青年主题的高度认同，就是我决意起身立行的因缘。赵春雨律师是一位杰出的职业女性，正是在与她的交流中，实务论坛和在线讲座雏形初现。她的爽朗、细腻和大气，让双方的合作愉快顺畅。梅向荣主任的鼎力支持，也让我感受到盈科所的格局和诚意。盈科所青年律师人数众多，朝气蓬勃，恰好能够与"青年与实务"的主题呼应。我关于实务论坛和在线讲座的具体设计方案，以及全方位资助青年学者参加活动的希冀，得到了盈科所积极热情的回应和支持。没有盈科所的参与，在我脑海中的那些想法，至少还要继续徘徊更长的时间才能落地。这是值得感念的因缘际会。

感谢刑法学界的前辈老师。没有前人开风气和指引方向，再有活力的青年，也可能是在走回头路甚至南辕北辙。特别是陈兴良老师宽以待人、乐于奖掖的风范对我影响很大，创办青年主题的学术活动，也得到了他的鼓励和支持。感谢应邀与会的诸多学界同道，作为已经成长起来的学界中坚，愿意来为更加年轻的学者站台鼓掌，甘当绿叶陪衬红花，这是行胜于言的友爱传递。感谢应邀与会的诸多期刊编辑老师，他们的主持和点评，使得这些青年论坛和讲座，在某种意义上成为一场针对青年刑法学者及其最新研究成果的"选秀大会"。感谢来自司法机关和律师事务所的实务界的朋友，没有他们的积极参与，"实务论坛"就会名实不符，落入那种由理论空唱独角戏的传统会议的窠臼中。感谢北京大学出版社特别是编辑杨玉洁女士的友情支持，"刑法新青年"的文字成果，包括实务论坛与在线讲座两个系列，都将以精美的装帧陆续出版面世。

"刑法新青年"是一座由学界、实务界、期刊和图书出版界齐心协力共同打造的学术舞台。台下的观众，有资深的前辈和中坚，有各大期刊和出版社的编辑，有公检法律的实务专家，而舞台上的主角，一直都是青年刑法学者。谁都年轻过，谁也不会永远年轻。时光流转，代际更迭，我希望这个舞台能够在接力中持续下去，它将永远属于青年一代。

车浩
2021年4月4日
于京西见山居

序一
明天的太阳

首届"全国青年刑法学者实务论坛"于2019年9月21日在浙江大学之江校区小礼堂成功举办,由本次论坛的报告论文、评论论文及现场发言结集而成的文集即将由北京大学出版社出版。本论坛的发起人车浩教授嘱我作序,我感到无上光荣和喜悦。由于本论坛将每年不定期在全国各大高校举办,作为首届论坛的操办者,我谨在此总结操办本次论坛的经验与感想,以记录一段美好的回忆。

2019年7月8日中午,我在微信上与车浩教授聊天,车浩教授说他希望搭建一个全国性的、以青年刑法学者为发声主体的平台,并说这一想法得到了盈科所特别是赵春雨律师的大力支持,于是我主动请求将首届论坛放在浙江大学光华法学院举办,车浩教授爽快答应。就这样,首届论坛进入紧锣密鼓的筹备阶段。为此,车浩教授专门组建了一个筹委会微信群组,成员还有马寅翔、徐凌波、邹兵建、徐然、袁国何。在筹办首届论坛过程中,从议题、会议形式、议程、参会人员的确定到案例材料的选定等,大大小小的事项几乎都在群里经过民主讨论决定,我至今仍完整保存所有的聊天记录，在此特别感谢筹委会成员的智力贡献。

首届论坛的议题经集体讨论确定为"诈骗罪的理论与实务"。在议程安排上确定了三个单元：第一单元是典型案例研讨，报告人选取了广受关注又备受争议的"偷换二维码案"及"一元夺宝案"作为案例素材。第二单元是"论文午餐会"，设想在轻松愉快的午餐中继续交流相关的学术与实务问题。第三单元是"实务案例解剖"，设置该单元的初衷是展示案例教学的成果，由南京大学法学院和浙江大学光华法学院的学生交替代表控辩双方，围绕盈科所上海分所康烨律师提供的"'走单走票不走货'诈骗案"以及盈科所杭州分所朱卫永律师提供的"虚假交易盗窃案"展开辩论。为展现理论与实务的交锋，在每一单元都邀请了来自实务部门的人员参与评论，在此感谢梁健法官、周德金法官、胡宇翔主任、李剑检察官。

议程敲定之后，进入会议筹办的实行着手阶段。当时正值暑假期间，大部分学生都不在校园里，我感受到巨大的压力，于是向刚授过课的2018级本科刑法总论班征集会务志愿者，并从中挑选代表浙江大学光华法学院参加会议第三单元模拟法庭辩论的选手。志愿者征集了十几名，细分为速记组、拍摄组、茶歇组、签到组、计时组、现场秩序组、论文集编辑组、宣传组等。召集志愿者召开会务会时，我表达了诸多担忧。一位志愿者安慰我说："李博士别担心，有我们呢！"听到这句话，我特别感动，仿佛见到了白建军老师所说的"明天的太阳"。我们的会务团队果然没有让人失望，他们相互分工，密切配合，在会议的各个环节上无缝衔接,高效率地完成了所有会务工作,为论坛的成功举办提供了可靠的后勤保障。尤其让我感到惊喜的是负责会议文字记录和录音整理的郭非南与郭嘉琪同学,她们虽然只是刚学完刑法总论的本科学生,但仍然完整记录了会议的全貌,准确理解了各位发言嘉宾的核心观点,录音整理稿为文集的出版提供了可靠的资料。

会议当天,在开幕式环节中,王敏远教授表达了希望青年刑法学者与刑诉法学者展开对话的愿景。在第一单元的两个主报告及评论结束后,车浩教授在简短的总结中指出报告的内容过于理论化,与实务的结合程度有待加强。第二单元"论文午餐会"现场发放盒饭之后,论文报告也随之开始,这个高强度的午餐会令人印象深刻。在第三单元中,随着代表南京大学法学院与浙江大学光华法学院的同学在辩论中的激烈交锋,会议的气氛也被推向高潮。最后,会议在我和赵春雨律师的总结发言与陈兴良教授的闭幕致辞中落下帷幕。

首届论坛会风清爽,议程紧凑,议题集中,讨论热烈,对话真诚,氛围和谐,又在风景秀丽的浙江大学之江校区举办,令人印象深刻。虽然因为我个人办会经验缺乏,本届论坛还存在诸多不完善之处,但依托"全国青年刑法学者实务论坛",关注最新刑事法理论与刑事实务动向,积极探索根植于中国本土实践的刑法教义学,进一步促进刑事法理论与刑事司法实践的融合,已成为与会人员的共识。

借此作序机会,作为青年刑法学者的一员,我想再次感谢本论坛的发起人车浩教授为青年刑法学者搭建起展现学术风采、沟通理论与实务平台的努力，及给予我操办首届论坛的信任；感谢盈科所特别是赵春雨律师对于论坛活动的鼎力支持，让青年学者倍感温暖；感谢来自全国四面八方的与会学者对青年刑法学者的提携鼓励；感谢我们可爱又靠谱的会务团队。最后要特别感谢陈兴良教授对本届论坛不遗余力的支持。陈老师在首届论坛的闭幕致辞中对青年刑法学者的鼓励和殷切期望，鼓舞着我们脚踏实地为中国刑法学大厦添砖加瓦。

凡是过往，皆为序章，在总结首届论坛的经验与不足的基础上，期待以后的论坛取得更圆满的成功。

是为序。

李世阳
2021 年 4 月 4 日

序二
看得见的薪火相传

欣闻盈科"全国青年刑法学者实务论坛"系列成果即将付梓,心情颇为激动。老实讲,期待已久了。

车浩教授叮嘱我写一段序,我本欲推辞,但未果。踌躇落笔间,论坛缘起的场景映入脑海。的确,该用文字记录下这段珍贵的回忆。

2019年盛夏,一个阳光明媚的午后,在北京大学法学院咖啡厅,源自对青年刑法学者成长与使命的深度思考,车浩教授提出了论坛创意。我有幸成为见证者,并主动请缨,愿尽绵薄之力。

坐而论道,不如起而行之。两个月后,首届盈科"全国青年刑法学者实务论坛"在浙江大学之江校区惊艳亮相。各大名校青年刑法学者与浙江省检法系统实务专家齐聚一堂,彰显了论坛的精准定位;陈兴良教授与车浩教授身体力行,诠释了看得见的薪火相传。聚焦理论难点,回应实务痛点,助推刑法理论与实务的融合,正是盈科"全国青年刑法学者实务论坛"的初心。

不是厉害了才开始,而是开始了才厉害。盈科刑辩人受益于"青年兴,盈科兴"的理念,与青年刑法学者同声相应,意气相投。为全国青年刑法学者打造学术舞台，为刑法学界与实务界搭建互动平台，我们与有荣焉，责无旁贷。

"宣父犹能畏后生，丈夫未可轻年少。"一代人有一代人的担当，一代人有一代人的作为。祝愿盈科"全国青年刑法学者实务论坛"生机勃勃，硕果累累；期待盈科"全国青年刑法学者实务论坛"守正出新，乘风破浪！

赵春雨
2021年4月2日凌晨
于北京

目 录

开幕式 / 001

第一单元　典型案例研讨 / 013

案例一　偷换二维码案 / 015
　　一、报告 / 015
　　　　电子支付环境下财产犯罪成立的难点与问题　徐凌波 / 016
　　　　论偷换二维码行为的刑法定性　蔡　颖 / 026
　　二、评论 / 034

案例二　一元夺宝案 / 049
　　一、报告 / 049
　　　　论诈骗罪中的财产处分行为
　　　　　　——以最高人民法院第 27 号指导案例为
　　　　　　切入点　邹兵建 / 050
　　　　论诈骗罪中的处分意识　袁国何 / 060
　　二、评论 / 069
　　三、自由讨论 / 080

第二单元　论文午餐会 / 087

一、报告 / 089

　　诈骗罪中的财产处分权　马寅翔 / 090

　　财产性利益的刑法保护范围

　　　　——以诈骗罪的认定为中心　邓毅丞 / 094

二、评论 / 102

三、自由讨论 / 106

第三单元　实务案例解剖 / 109

案例一　某公司涉嫌"走单走票不走货"诈骗案 / 111

　　一、模拟法庭辩论 / 111

　　二、评论 / 129

　　三、自由讨论 / 141

案例二　焦某涉嫌虚假交易盗窃案 / 153

　　一、模拟法庭辩论 / 153

　　二、评论 / 173

　　三、自由讨论 / 189

闭幕式 / 193

后记　吹响号角 / 205

开 幕 式

主持人：李世阳（浙江大学光华法学院副教授）
致辞人：王敏远（浙江大学光华法学院教授）
　　　　郝惠珍（北京市盈科律师事务所党委书记）
　　　　车　浩（北京大学法学院教授）

主持人：李世阳

尊敬的各位来宾：

大家上午好！

本着学术平等与扎实讨论问题的精神，北京大学法学院车浩教授倡议为青年刑法学者搭建专门的学术平台，北京市盈科律师事务所刑辩学院赵春雨主任积极响应，由北京大学刑事法治研究中心与北京市盈科律师事务所（以下简称"盈科所"）联合举办的"全国青年刑法学者实务论坛"应运而生。首届论坛由浙江大学光华法学院承办，《刑事法判解》编辑部与北京大学出版社协办。

首先，请允许我代表在座青年刑法学者对车浩教授与赵春雨主任的大力支持表示衷心的感谢！其次，对于改之教授等刑法学者的支持表示衷心的感谢！此外，本次论坛还邀请了梁健庭长、周德金庭长等实务界代表。最后，让我们以热烈的掌声，对陈兴良教授、王敏远教授对本次论坛的积极支持表示衷心的感谢！

下面有请王敏远教授代表浙江大学光华法学院致辞。

致辞人：王敏远

各位会议代表：

大家上午好！欢迎大家来到浙江大学之江校区。

难得和刑法学界的青年学者在一起。现场虽然也有陈兴良教授、于改之教授等相对年长的教授，但是大多数都是很陌生的刑法学界的青年学者。我已经二十多年没有参加刑法学界的活动了，看到在座的许多新面孔非常开心。我们年轻的刑法学者聚在一起，一定能够碰撞出很多火花。我为什么特别期待我们的青年刑法学者碰撞出火花呢？很简单，我们的法学学科，包括刑法学科，有两个特点是比较显著的：一是刑法包括刑法学科是适用规则来建构一种秩序，但是研究通常是在既定的秩序中寻找矛盾、问题、例外等。像这样的紧张关系，或许只有年轻人才有最好的发现能力。二是刑法或者刑法学，相比于其他规则或学科，是特殊的规则或学科。这套特殊的规则，源自它的特殊性。陈兴良教授最早的时候也谈到过，他称之为"专业槽"。一方面，这个专业槽不是谁都能够把头伸进来吃上一口的。另一方面，刑法学不应该是一个关起门来的学科，它也应该向其他的法律规则和社会规则及其他学科汲取营养，尤其要看到社会的发展对刑法、刑法学的挑战。在这个方面，年轻的学者有自己的优势。而这种优势恰好是年纪大或者墨守成规的学者不容易掌握的。这是我想说的第一段话。

第二段话代表刑事诉讼法学界。北大的储槐植老师最早提出了刑事一体化，我特别赞同，确实应该刑事一体化。但是，对刑事一体化含义的理解可能有所不同。我自己是从刑事诉讼法学来看刑法学应该刑事一体化的，刑事诉讼法有很多问题需要刑法学帮助解决，有老问题，也有新问题。老问题中，我们知道刑法中有很多规定，比如"以……为目的"、犯罪意图等。像这样的规定是应该的，也是有道理的，但刑事诉讼领域和法学研究领域中面临的问题很多：意图如何定义？除了撬开他的嘴巴，还有什么办法？以至于我们经常看到加大刑讯力度等，当然这是不主张的。但是到底怎么解决，这是老问题，刑法学应该关照一下刑事诉讼法学。还有新问题，比如认罪认罚从宽处罚制度的建立，有很多目的。其中一项目的是试图解决以往的"坦白从宽，牢底坐穿；抗拒从严，回家过年"问题。这是很不正常的现象。但是，是否能解决呢？我觉得在重罪问题上，"牢底坐穿，回家过年"的明显对比是解决不了的。很简单，有两个方面的理由，一个是定罪，一个是量刑。量刑大家都好理解。现在量刑情节适用的是基础刑30%的"优惠"和"折扣"。这个30%的"优惠"和"折扣"用在无期徒刑上，无期徒刑的30%是多少？无法定义。换句话说，实体法给我们限定的框架，使得实践中刑事诉讼的新问题无法解决。我们特别期待刑法学者在这次全国青年刑法学者实务论坛中能对这些问题加以解决。以后像这样的实务问题，我们是否能够更多地打开门，让刑事诉讼法学界的学者也能够参与学习？因为跨界对于有的人来说是"称王"的，陈兴良教授发表的刑事诉讼法方面的文章，都能够引起轰动。他的弟子邓子滨甚至还写了一本书，三年多就写出来了，我写了三十多年还没写出来。这都是跨界来"称王"的,而我是跨界来学习的。

第三段话比较简单。祝愿大家把会议开好,也趁此机会到杭州看一看。既不要辜负时代对青年学生的期待,也不要辜负杭州美景对大家的欢迎。

预祝本届论坛取得圆满成功!谢谢大家!

主持人:李世阳

感谢王教授的精彩发言,也衷心希望刑法与刑事诉讼法能真正实现学科的一体化和学科交叉,因为在司法实践中遇到的刑事案件和刑事问题,都不可能只用刑法的知识或者刑事诉讼法的知识解答。我相信在座的律师最能够体会这一点。

下面有请北京市盈科律师事务所郝惠珍书记为我们致辞。

致辞人:郝惠珍

各位专家,各位律师同仁:

大家下午好!

在这秋光明媚的九月,我们与青年法学专家们汇集到了浙江大学之江校区,召开青年刑法学者首届实务论坛。在此,我代表主办方北京市盈科律师事务所,向筹备及支持这次论坛的北京大学刑事法治研究中心、浙江大学光华法学院、北京大学出版社及各位专家学者表示衷心的感谢!也对参加这次论坛的各界朋友、专家学者、各位来宾表示热烈的欢迎!

2019 年是不平凡的一年。这一年既是建国七十周年,是律师制度恢复四十周年,也是刑法典颁布四十周年。回顾历史,从

1979年7月6日第一部刑法典颁布，到1980年1月1日实施；从1997年到2017年，二十年间的十次修订，在中国的法制史上，不但奠定了民主与法治的理念，也推动了中国法治社会前进的步伐。随着社会的变迁、情势的变迁，刑事政策和精神也适应形势发生了重大的变化。从镇压与宽大结合、惩办与宽大结合到宽严相济的演变过程，不但完善了犯罪构成的理论，也影响了量刑的标准。为了防止错案，提出了坚持控审分离、疑罪从无的理念，坚持公开审判和反对逼供信的原则。四十年来，刑法学者们从研究方向、研究方法、研究重点三个维度进行了研究，也提出了许多前瞻性的理论，不断推动立法的修改、司法的改革，也对实务界的律师给予了具体的指导。四十年来，在新老学者的努力下，中国刑法学绘制的蓝图不但全面，而且辉煌。在全面依法治国战略的要求下，青年刑法学者不但承担着继承和传承的重任，还承担着创新与发展的责任；不但要吐故纳新、超越过去、超越现在，还要担当起为中国刑法大厦添砖加瓦的历史使命。因此，全社会都希望我们青年刑法学者能积极探索根植于中国本土实践的刑法理论，重视、强化学科之间的融通、对话与交流，坚持学术研究的实践面向，既要做到精确、精细和精致，也不忘展示正义、善良与宽容，进一步促进刑法理论与刑法实践的融合发展。

的确，学术研究的兴旺既需要学术界共同提高、齐心协力，也离不开各界人士的相助。北京市盈科律师事务所自成立以来就热心学术公益，本着全球视野、本土智慧的服务理念，充分利用盈科所规模化、专业化、品牌化和国际化的优势，为社会提供服务、承担社会责任,这是我们这次召开首届"全国青年刑法学者实务论坛"的初衷。我们希望这个论坛系列化,把它打造成品牌,为青年刑法学者搭建专门性的学术舞台,以展现刑法学者运用理论回馈社会的深度、厚度;通过论坛,探索出理论与实务深度融合、互助共赢的新路径,为营造良好的法治环境作出盈科人的贡献。

最后预祝今天的论坛圆满成功!

主持人:李世阳

感谢郝惠珍书记的精彩致辞!也衷心希望理论与实践能够真正融合。希望本次论坛会是一个良好的开端。

下面有请本次论坛的发起人北京大学法学院车浩教授为我们致辞。

致辞人:车 浩

尊敬的陈兴良老师、王敏远老师,尊敬的郝主任、盈科所的各位领导,尊敬的各位老师、各位同学、各位律师:

大家早上好!

在首届论坛开幕的时候,阐明它的来龙去脉、明确其宗旨意图,是很有必要的。6月14日上午,盈科所的赵春雨律师到北大约我喝咖啡,这是我们第二次见面。赵律师是盈科所新一届的刑委会主任,朝气蓬勃,充满干劲,她希望我能策划一些有影响力的、有意义的学术活动,盈科所愿意积极参与和支持。大家知道,现在的刑辩论坛如雨后春笋,遍地涌现。在刑辩论坛蓬勃发展的同时，也很难再有创新的形式。后来赵春雨律师介绍到盈科所的特点之一是青年律师较多，我灵光一闪想到青年刑法学者实务论坛的形式和名称，一是邀请青年学者作为论坛的主角，二是以实务案例为研究对象。在我阐释了设想的内容和意义之后，赵春雨律师非常赞成，当下就准备向盈科所的领导汇报，要把论坛办成。暑假进入了紧张的筹备期，我邀请几位青年学者集思广益，确定会议的具体议程和人员名单。最终在盈科所的全力资助下，在浙大光华法学院特别是李世阳老师的全力操办下，在在座各位老师的鼎力支持下，我们的论坛今天开张了。

这个论坛的第一个关键词是"青年"。

清华大学法学院张建伟教授之前写过一篇广为流传的妙文，针对当今学术界会议的各种怪象进行了深度描述，关于"泰斗"和"漏斗"的妙论，令人叫绝。那么所谓"漏斗"，按照张建伟教授文中所说，是学术新人在公共场合可以忽略不计，他们没有自己的公众形象，没有多少学术声望，在参加各种会议时充当分母。学界"漏斗"的重要特点，一是在会场后面几排落座，二是在会场通常没有发言机会。张建伟教授的这篇文章十分真实地描述了学界的生态。简单来说就是刚出道不久的青年学者在论资排辈的学界江湖里，在各种所谓的学术会议的场合，通常只能扮演配角甚至龙套的角色。在上个月，我在盈科所提出论坛设想的时候，还没有看到张建伟教授的这篇文章，但是我心中所想和对这个现象的批判和他是一样的，只不过没有惟妙惟肖地将它写出来。我本人更喜欢做个行动者，我很久以来就希望能够亲力而行，改变这种不合理、不正常的怪现象。我记得多年前看过当代著名计算机学家王选院士的一段话,大意是说,在他年轻的时候,在学术创造力最活跃的时候,条件最艰苦,什么都没有。但是现在各种荣誉和物质条件都有了,他也老了,干不动了,也不需要了。这段话让我印象特别深刻。一个人的青年时期是最有活力和创造力的时期,往往也是事业刚起步、条件最艰苦,因而也是最需要支持的时期。这个时候不仅有物质的压力,还有精神层面不受重视的遭遇。特别是在一个凡事讲究论资排辈的东亚社会中,在一个年龄、资历、出身、师门、院校各种因素交织而成、等级森严的学术江湖里,青年学者的空间尤其逼仄。在高校中,与资深教授相比,青年学者往往会被分配更加繁重的教学任务,面临论文发表和职称评定的更大压力,但同时,在各种学术会议上,无论多么有才华和创见,他们也很少会得到充分展示的机会,往往只是坐在台下看前辈们指点江山,自己只能扮演一个"漏斗""打酱油"的角色。久而久之,这不仅会把青年学者最有激情和创见的火花扼杀,转化成叹息和牢骚,同时对一个学科的学术积累和繁荣而言,最终也会形成欠缺活力的死水。每个人都经历过年轻时期,我相信这种经历和感受是普遍的,就连在座的陈兴良老师和王敏远老师想必也能体会。我自己作为"70后"的一代人,虽然经常会被划入青年阵营,但平心而论,相对于很多"80后""90后"的学者,由于年龄上的优势,更早有了所谓的空间和资源。我是比较幸运的,由于遇到了很多前辈,特别是我的恩师陈兴良老师的提携,能比较快速地成长,能够获得较多的机会。我觉得感恩的最好方式不仅是回报,而且要传承。做事的最好时机,不是要等到自己强大到各方面条件都成熟了再去帮助他人，人生很短暂，也变化无常，所以我觉得，只要可能有机会，就应当身体力行，立刻去做。对父母师长的恩情也好，对朋友同道的支持也好，都是这样。

我们这次论坛的主角是青年学者，主讲人、评论人和部分主持人都是"80后"，还有个别是"90后"，这是各方都认同并且秉持上述理念和付出实践的结果。这个舞台的主角是三四十岁的青年学者，正是从事学术研究最纯正的时期，将来等到各位更加进步之后，就会有更多的年轻的学者登上舞台。希望在座的各位也能发挥传接的作用。大家要更加努力才行。

这个论坛的另一个关键词是"实务"。

以往在人们的印象中很多论坛的性质是单数的，要么纯粹讲理论，要么纯粹讨论实践问题，感觉理论和实践之间有隔阂。另外一个印象就是即使讨论实践的学者往往也是学界大咖，由于长期在实务界摸爬滚打，熟悉实践的问题之后才有资格去讨论实践问题。对年轻学者来说，由于缺乏接触实践的机会，主要沉浸于理论和纸面上研究，离实践更加遥远。但是已经有越来越多的人认识到，中国刑法理论的发展是教义学方向的，而教义学的基本特征是从本土的实定法和司法实践发展出来的。我们目前正在享受新一轮刑法学术改革开放释放出的红利，这种红利主要是移植和引进德日的刑法理论带来的。但和其他领域一样，在享受这一轮红利的同时，也要居安思危。只有立足本土化和创造力，在未来才有可能走出自己的路。今天来参会的很多青年学者大多都有留学德国和日本的背景。国外学者应用理论研究的本土化已经成为学术范式，但是目前国内还没有形成这样的风气。未来的希望就寄托在在座诸位青年学者的身上。因此,青年刑法学者实务论坛不仅是青年和实务的互动,而且必将引领中国刑法发展的未来和真正的希望。

最后是表示一些感谢。

第一,感谢盈科所,感谢赵春雨律师和各位领导。他们以令人尊敬的远见卓识和非常大的格局,毅然投入人力、物力支持这个论坛,选择与青年站在一起。

第二,特别感谢陈兴良老师和王敏远老师。这个论坛一开始策划的时候,并没有向陈兴良老师报告,因为我们觉得邀请的都是年轻的学者。在论坛已经基本成型之后,和陈兴良老师提及,没有想到得到了陈兴良老师特别大的支持,他推掉了很多其他会议,特地来参加今天的会议,来听大家的发言。这也体现了老一辈学者对大家的提携和关爱。特别邀请王敏远老师出山,代表浙江大学光华法学院表达对大家的支持。两位前辈的做法,特别值得我们感恩。

特别感谢与会的青年学者。参加这次会议的,是从很多人推荐的优秀学者的名单中筛选出来的优秀青年刑法学者的最大公约数,各位顶着教学和科研的压力来参加会议,展现你们的风采,没有你们,这个舞台就没有主角。

特别感谢李世阳老师和浙大光华法学院承办第一届会议。世阳办会非常辛苦,从头至尾事无巨细都要负责。而我们也相信,这个模式经过会后总结、提炼,可以进一步降低办会的成本,回归学术的本质。办会的成本越来越低,大家讨论的热情越来越真挚,相信这样的会风能够持续下去。

还要感谢于改之、劳东燕、杜宇、何荣功、付玉明、江溯、赵书鸿等学界同仁，作为第一次论坛的支持和围观者，在台下鼓掌喝彩。其中还有几位是刊物的编辑，希望能有机会给更多学术新人展示学术实力的舞台，让学术刊物看到他们的身影。几位老师了解了我们会议的设想后，没有任何犹豫地来参加这个会，也向他们表示感谢！

预祝论坛取得圆满成功！谢谢大家！

主持人：李世阳

感谢车浩教授感人肺腑的发言，也真诚希望青年刑法学者能够利用自己所掌握的理论前沿动态和具有的优势，跟随中国刑事司法实践，为教义学的发展作出自己的贡献。

最后预祝本次大会能够取得圆满成功！

第一单元
典型案例研讨

案例一
偷换二维码案

主持人：于改之（华东政法大学刑事法学院教授）
　　　　赵书鸿（北京师范大学刑事法律科学研究院副教授）
报告人：徐凌波（南京大学法学院副教授）
　　　　蔡　颖（北京大学法学院博士研究生）
评论人：王复春（中南财经政法大学刑事司法学院讲师）
　　　　蒋太珂（华东政法大学科学研究院助理研究员）
　　　　周德金（浙江省高级人民法院刑二庭副庭长）

一、报告

主持人：于改之

正如车浩教授在开幕式中所说，本次论坛有两个特点：第一是青年，是专门为全国青年刑法学者量身打造的平台；第二是实务，这也是非常好地把全国青年刑法学者和实务界联系起来的平台。国内论坛形式多种多样，但是专门为青年刑法学者量身打造，把高校和律所、理论界和实务界联系起来的会议，这是第一个。所以，首届"全国青年刑法学者实务论坛"有着非常重要的意义。

下面开始第一单元的案例研讨。本单元由我和北京师范大学的赵书鸿教授主持。我主持发言阶段，书鸿教授主持评论阶段。第一单元的案例研讨主要是偷换二维码案。本次发言人有两位：一位是南京大学法学院的徐凌波副教授，另一位是北京大学法学院的博士研究生蔡颖。下面有请徐凌波副教授以"电子支付环境下财产犯罪成立的难点与问题"为题发表演讲。

报告人：徐凌波

电子支付环境下财产犯罪成立的难点与问题

在我国，财产犯罪的理论和实务应该是刑法分则教义学研究中最为深入的领域，很多青年学者在这方面有非常深入的研究和精彩的论述。互联网时代，传统的财产犯罪理论在遇到互联网技术时，显示出了其保守、陈旧和不足的一面，互联网技术的兴起，对财产犯罪的理论提出了许多新的挑战，其中大部分问题是难以从德日刑法理论的既有成果中找到现成的答案的，要求我们运用教义学分析方法，根据我国现行的法律规定和司法实践的逻辑建立自己的解释体系。从会议论文中，可以看出年轻学者也在尝试提出与德日刑法理论不同的独到见解。我的报告是以"电子支付环境下财产犯罪成立的难点与问题"为题，以偷换商家二维码案为例，简单从理论上作一个相关梳理，抛砖引玉，也期待同行精彩的发言。

2017年2月至3月，被告人邹某通过调换店内的微信二维码，非法获取到店消费顾客支付的账款6 983.03元。2017年11月至12月，被告人倪某某将事先准备的微信二维码偷贴于商家用于收款的微信二维码上,从而获取顾客通过微信扫描支付给商家的钱款。两起案件均认定偷换二维码获取财物的行为成立盗窃罪,但在理论上主张成立诈骗罪的观点也并不罕见。本报告旨在通过梳理诈骗罪、盗窃罪这两个最为重要的财产犯罪罪名,来探讨电子支付环境下此类行为成立财产犯罪的疑难问题。

(一) 财产犯罪的一般性问题

在展开具体罪名的分析之前,需要对以下两个财产犯罪的一般性问题作简单的探讨。

首先是财物的概念。

我国《刑法》分则第五章侵犯财产罪中,是以"公私财物"为共同的行为客体。长期以来,财物概念的解释,尤其是财物概念能否包含财产性利益的问题,始终是财产犯罪理论与实务关注的焦点。这一问题争议之激烈,以至于财产犯罪其他构成要件要素的解释问题被搁置甚至忽视。在实务中不乏判决在论证完财产性利益应当纳入财物范畴之后,就当然地认为侵犯财产性利益的行为可以成立相应的财产犯罪,至少可以按照盗窃罪去定罪处罚。反之,主张有体物的观点,也常常以一旦扩张财物概念,财产犯罪的处罚范围就会无限扩张作为理由,认为存在背离罪刑法定原则的疑虑,反对将财产性利益一概纳入财物概念之中。

事实上正反双方的观点陷入了同一个误区,亦即将财物概念当作财产犯罪成立的充分条件,一旦肯定财产性利益属于财物,就会当然地肯定侵犯财产性利益的行为是可罚的,是要成立财产犯罪的。但事实上,财产性利益属于财物,仅仅是财产犯罪成立的必要条件，而非充分条件。刑法在法益保护上具有辅助性、补充性、片段性与最后手段性的特点，这要求立法者选取出具有重大价值的法益以及特别值得刑罚处罚的行为方式规定为构成要件。在解释论层面意味着，现行法下我国财产犯罪的罪名体系并不是一个周延的对于财产法益的保护体系，必然存在着财产性利益虽受不法侵犯，但不能为既有财产犯罪构成要件所涵盖的情况。侵犯财产性利益的行为，还需要进一步讨论其构成要件的该当性。在肯定财产性利益属于财物的基础上，侵犯财产性利益的行为还需要受到具体罪名构成要件要素的全面检视。

但问题在于，如何明确而准确地阐释我国《刑法》分则第五章所规定的盗窃罪与诈骗罪的构成要件。如所周知，1997年《刑法》在财产犯罪上采取了简单罪状的立法模式，这给解释留下了巨大的弹性空间。这一弹性空间，一方面，使得我国在继受德日关于财产犯罪的教义学理论时，基本上没有任何条文上的障碍；另一方面，当德日财产犯罪理论中固有的保守、落后因素不再适应中国社会环境的发展变化，尤其是在电子支付环境下，司法实务对于滥用电子支付手段相关行为存在一个现实的处罚需要时，要重新调整既有的财产犯罪的解释，作出与德日完全不同的理解，在现行法下并不存在任何障碍。在当前普遍肯定财产性利益属于财物时，此前所继受的所有的盗窃罪、诈骗罪理论都需要得到系统性的重新审视与修正。

其次是盗窃罪和诈骗罪的区分。

在我国刑法理论与实务中，对于具体案件的分析，往往通过罪名比较来得出具体案件定罪的结论，虽然这在一般案件中并不会带来结论上的误差，但将罪与非罪、此罪与彼罪视为同一个问题的分析模式，在刑法理论上存在诸多的问题。最为常见的缺陷就是在罪名证立过程中往往陷入一种反向排除的论证误区，亦即通过排除彼罪的方式从反面证立此罪的成立。这种反向排除的论证模式以罪名之间存在互斥关系为前提，但这并不一定符合我国现行法律规定的实际情况，罪名之间构成要件存在重合、竞合的情况比比皆是。具体到偷换二维码案件的讨论中，就出现了张明楷教授所批评的，有一些论证中，因为商家欠缺处分意识而当然地肯定盗窃罪的做法；或者反过来，因为欠缺财产的占有转移而当然地肯定诈骗罪的成立。按照诈骗罪理论的通说，处分意识的存在是诈骗罪成立的必要条件，受欺骗者欠缺处分意识只能排除诈骗罪的成立，而不能当然地得出肯定盗窃罪的结论；反之，盗窃罪的成立以未经占有人同意而移转占有为前提，商家自始未能占有财产的这一事实，只能排除盗窃罪的成立，而不能当然地肯定诈骗罪的成立。

当然德日刑法理论的通说也认为，盗窃罪和诈骗罪往往处于一种互斥关系之中，在德国，盗窃罪被认为是他人损害犯罪，而诈骗罪则被认为是自我损害犯罪。但少数观点认为，在此种情况下，针对同一个行为客体可能成立盗窃与诈骗的想象竞合的情形，尤其是在利用第三人为工具的盗窃罪间接正犯与三角诈骗之间往往存在重合的区域。从通说的立场出发，如果以盗窃与诈骗的互斥关系为出发点，在介入第三人行动的案件中，往往需要在盗窃罪的间接正犯与三角诈骗之间作出区分。

从诈骗罪的一般原理来看，盗窃罪和诈骗罪的区分关键在于，第三人的行动能否被归属于财产受到损害的被害人。这时需要考虑财产处分行为能否归属于被害人的问题。从盗窃罪的一般原理来看，盗窃罪和诈骗罪的界限在于第三人的行为是否打破了被害人的占有、财物是否发生了占有的移转，而占有移转的前提是财物原本并不处于第三人占有之下。如果财物原本并不处于第三人占有之下，第三人因受到行为人的欺骗而实施了转移占有的行为，则构成盗窃；反之，如果财物处于第三人占有之下，第三人只是在欺骗之下交付了被害人的财物，则构成三角诈骗。

但是大家可以看到，从盗窃一侧所发展出来的界分标准与自诈骗一侧所发展出来的界分标准，只有同一时才能够明显区分。但是显然两个标准并非同一，所以理论上主张盗窃罪与诈骗罪这两个罪名之间存在想象竞合的情况是有道理的。尤其在电子支付环境下，行为人的行为需要通过欺骗电子支付平台的方式来获取被害人的财产。同样在偷换二维码案件中，行为人也需要经由顾客的行为来完成通常只涉及"行为人—被害人"双方关系的盗窃、诈骗的构成要件，在面对第三人介入问题时往往会陷入定罪的困境之中。在这种情况下，撇开罪名的比较与界分，单独讨论行为是否满足诈骗罪、盗窃罪的成立条件或许是更为可行的方案。

(二) 诈骗罪和盗窃罪的成立

诈骗罪的成立要求行为人通过实施欺骗行为使被害人陷入认识错误，并在此基础上作出财产处分决定，导致不利于自身的财产损害。在偷换二维码案中，可以考虑两种情形成立诈骗罪的可能性：其一，行为人通过偷换二维码，使顾客陷入认识错误并进行支付，导致商家的财产损害；其二，行为人通过偷换二维码，使商家陷入认识错误，并指示顾客向错误的二维码付款，使自己原本的债权请求权无法实现，产生了财产损害。在这两种情况中需要讨论以下三个问题：第一，偷换二维码是否足以被认定为欺骗行为；第二，在第一种情形中，作出财产处分的人是顾客，而遭受财产损害的人则是商家，因而需要考虑是否满足三角诈骗的情形，尤其是顾客的处分行为是否能够归属于商家；第三，在第二种情形中，商家的指示付款行为是否是刑法意义上的处分行为。

第一，关于欺骗。

诈骗罪的成立以欺骗行为的存在为前提。理论与实务理所当然地认为，既然偷换行为使顾客对于二维码的归属发生了认识错误，就能够肯定欺骗，但是欺骗并不能被简单地定义为"引起他人的认识错误"，理论上，诈骗罪通常被归入沟通犯罪，也就是说，诈骗的行为，或者说欺诈的行为，要求行为人与被害人之间存在意思上的联络与沟通。欺骗指的是行为人就重要的交易事项虚构事实或隐瞒真相，所以需要讨论的是该案中究竟哪一个阶段符合欺骗行为的定义。在顾客陷入认识错误之前，包括两个阶段：第一是"行为人偷换二维码"，第二是"店主指示顾客向错误的二维码"付款。显而易见的是，当店主让顾客向错误的二维码付款时，表达了"这是我账户二维码"的意思，但由于店主并不知道二维码已经被偷换，主观上并没有欺骗的故意。而行为人的偷换行为，显然是在店主并不知情的情况下实施的。偷换行为仅仅是一种对客观事实情状的操控，不属于意思联络与沟通。

第二，关于三角诈骗。

即便肯定欺骗行为的存在，也仍然会面临受骗者与财产损失者并不同一的问题。传统的三角诈骗模型固然是针对这种情况而设，但却需要满足诸多的限制条件。尽管理论上对于三角诈骗的成立究竟应当以事实上的处分可能性还是法律上的处分权限为准尚有争议，但理论上的共识在于受骗者所处分的应当是财产损失者的财产而非自己的财产，只是基于不同的理由可以将受骗者的处分归属于财产损害。但从偷换二维码案的具体案情来看，顾客的支付行为虽然导致店主债权的消灭，但其所处分的仍然是自己的财产，而非店主的财产。就此而言，无论是从哪种三角诈骗的理论出发，都无法肯定此类行为符合三角诈骗的模型。

第三，关于处分行为。

若以商家的指示付款行为为处分行为，则通过偷换二维码使商家陷入认识错误并作出指示付款的行为，就可以绕过作为中间第三人的顾客，不必考虑三角诈骗的问题，但又会涉及两个方面的问题。一是欺骗行为是否存在，这在之前讨论过。单纯的偷换二维码的行为，是否能被评价为"欺骗"。二是指示付款行为是否因欠缺处分意识而不构成刑法意义上的财产处分。刑法意义上的财产处分在要件上广于民法意义上的财产处分，但处分行为的核心在于行为应导致财产的损害。商家向顾客指示付款的行为，虽然在客观上因为二维码的错误而使得顾客向第三人账户付款，但商家在这一过程中是以收款的意思来指示支付的，这时并没有使自己的财产减损的意思。此时这样的一个指示付款行为能否被认为处分行为存在疑问。

(三) 偷换二维码行为是否成立盗窃罪

上海市高级人民法院在对金山区法院判决的分析中也承认，盗窃本质上是一种将被害人占有的财物移转占有的行为。该案中，商家对于钱款自始至终不曾占有，所以也不存在转移占有的可能性。在最后的结论上，判决却仍然赞同以盗窃罪定罪处罚的立场较为合理，但两份判决其实都没有对于侵犯债权这种财产性利益的占有以及如何转移的问题作出足够充分的说理。

占有概念尤其是财产性利益的占有在教义学上是否可能，是理论上经常争论的问题。在理论上得到较广泛认可的财产性利益占有方式，是以电子支付的账户密码实现对账户内财产的控制与支配。在前电子支付时代，这种以账号密码形式实现的控制支配主要发生在关于存款占有归属的讨论之中，在实践中也得到了广泛的认可。直观上这种占有形式是最为接近有体物占有原型的，财产在账号之间的转移似乎也非常接近有体物占有。不过即便在这种观点下，也可以看到，在偷换二维码案中，钱款也只是从顾客的账户进入行为人的账户，商家以其电子账户未能实现对于债权的控制。最近出现了与偷换二维码有些类似的情况，即在顾客支付钱款前，趁顾客不备，用自备的POS机盗刷顾客付款码，如果仅从账户间的财产移转来看，两种情况是一致的，即钱款都是从顾客的账户进入行为人的账户，自始钱款都没有进入商家的账户。只是在盗刷案件中，顾客对于钱款转移至第三人账户没有认识，而在偷换二维码案中，顾客则是因为受到欺骗进行自愿支付。

此外，结合罪名的构成要件作进一步的具体分析，以账户密码实现的对于电子支付环境中非现金财产的控制并将其理解为盗窃罪体系内的占有概念，会存在更多的问题。

占有概念的扩张，并不是一个从概念到概念的问题，而需要结合盗窃罪的整体教义学体系进行讨论。换言之，反对占有概念的扩张并不是因为财产性利益的占有在语言概念上不可能，而是因为这将在罪名解释体系上带来不可欲的非体系性后果，它混淆了两种不同的转移概念，并最终带来盗窃罪构成要件的"口袋化"。

真正的问题在于，能否将所有财产性利益变动的外部形态统统归诸"占有转移"，例如在未经原权利人同意时变更股权登记、变更不动产所有权登记。承认财产性利益的占有，进而将各种类型的财产利益变动纳入盗窃罪的构成要件之中，尽管能够解决诸如偷换二维码导致他人财产损害的行为成立盗窃罪的问题，但却在财产罪教义学体系上带来更为严重的后果。财产性利益的占有概念是彻底抛开原初的占有概念所要求的事实属性而走向极端观念化的结果，而彻底的占有观念化的最终结果，是盗窃罪的构成要件丧失定型性，背离罪刑法定原则的要求，最终成为所有财产致损行为的兜底性构成要件。占有的彻底观念化导致占有转移变成观念上的转移，从而与财产转移变成相同的概念。车浩教授曾经指出，在观念化的占有概念下，"打破他人占有就被置换或者等同于损害他人的权益，除一个权益损害的结果之外，盗窃罪的客观构成要件部分就再也没有实质性的内容了"。严格来说，盗窃罪的客观构成要件并不只有财产损害结果，还包括导致损害结果的因果流程。在保护更高位阶法益的人身犯罪中，对于导致他人人身伤害结果的行为尚且需要通过客观归责理论进行范围上的限定。财产罪的成立在客观层面仅要求财产损失和因果关系是完全不够的。盗窃罪的构成要件定型性丧失，并沦为财产罪的兜底条款。

通过以上的分析可以看到，偷换二维码非法获取他人财物的行为固然能够造成他人较大的财产损失，但要成立相应的财产犯罪仍然存在诸多的解释障碍。解释论上，通过扩张解释构成要件要素、调整罪名原本的构成要件构造将这类行为纳入规制范围，往往伴随着牺牲构成要件的明确性，导致财产罪"口袋罪"化的危险。

在这种情况下，我个人更倾向于在立法上明确财产罪的构成要件或者单独设立利用计算机进行盗窃行为或者利用计算机侵害他人财产性利益的构成要件，这种方式可能更为妥当合理。

请各位老师批评指正！

主持人：于改之

徐凌波副教授通过对诈骗罪和盗窃罪两个重要罪名的精心梳理，详细分析了电子支付环境下财产犯罪评定的疑难问题。虽然整篇文章比较简短，但是包含的内容丰富，问题意识和论述思路非常清晰。

接下来有请北京大学法学院博士研究生蔡颖就《论偷换二维码行为的刑法定性》进行报告。

报告人：蔡　颖

论偷换二维码行为的刑法定性

本次报告通过对偷换二维码刑法定性的相关问题的实务和学理上的观念进行梳理，发现理论上的困境，借此发现比较特殊的、未被我们重视的但没有超过诈骗罪本来的构成要件范围的诈骗类型，这种类型被我们称为以债权实现为对象的诈骗。

通说上认为诈骗罪的构成要件中最关键的特点在于受骗人自觉处分财物，盗窃罪的构成要件最大特征在于秘密窃取财物，基于这两点区分诈骗和盗窃。但是二维码案既具备秘密性，又具备被骗人自觉处分财物，这两个特点都具有的时候，本案应该定诈骗、盗窃，还是想象竞合？需要对现有观点进行详细的梳理。

首先是**诈骗说**。盗窃罪的出发点就是秘密性。行为人盗窃二维码的行为具有秘密性，这是为大家所共知的。从这个角度看，顾客主动交付财物，所以顾客不可能成为盗窃罪中的被害人，所以诈骗说认为商家才是被害人。以此为出发点，最具有代表性的是作为开庭意见的**盗窃货款说**。盗窃货款说认为：第一，被告人基于秘密手段窃取二维码；第二，将二维码和收钱的钱箱类比。基于这两个理由，二维码案应当成立盗窃罪。

但一方面，盗窃罪中客观要件是否包括秘密性存在争议。退一步讲，即使承认这一点，在诈骗罪中，虚构事实和隐瞒真相其实都可以通过秘密的方式进行。比如在交易之前，秘密地对被害人所要支付的财物进行调包，那么行为人同样可以构成诈骗罪。在实务中也有类似的案例。另一方面，盗窃罪的秘密窃取实际上指实行行为具有秘密性。而本案中偷换二维码的行为实际上不是实行行为，没有财产性的转移。该行为只是预备行为。预备行为的秘密性并不能决定行为本身是秘密窃取。

另外，与收益相对比，如果商家收钱的钱箱被别人换了，顾客支付到钱箱中的钱，商家是有可能占有的。这时候，行为人可能占有作为封缄物的钱。但是就像刚才凌波师姐也提到，在二维码案中，钱款实际上直接从顾客账户打到行为人账户，商家不存在占有。这就体现了新型的支付和传统支付的最大不同，这也暴露了盗窃货款说的最大缺陷——商家从来没有占有钱款，如何成为盗窃罪的受害人？有观点为了弥补这一缺陷，提出在交付的那一瞬间，通过社会观念或者大家的一般认识，商家在一瞬间占有钱款。确实，在将钱交给商家的那一瞬间，顾客和商家可能是共同占有。但是在二维码案中，钱是直接从顾客的账户打到了行为人的账户，商家从来没有共同占有过这笔钱。因此，盗窃货款说实际上难以成立。

为了弥补盗窃货款说的不足，有学者提出**盗窃债权人地位说**。行为人偷换二维码不是盗窃了商家的债权也不是顾客的货款，而是商家债权人的地位。我们仔细来分析，债权人的地位之所以可以被窃取，之所以具有财产性利益，实际上是因为背后存在债权。那么债权可不可以被盗窃？在二维码案中，大家可以明显感觉到，不管是在支付前还是支付后，商家都是债权人，这一点不可改变。的确，有些债权是可以被盗窃的，比如说购物卡和现金，都可以理解为一种债权，这些债权实际上是依附在一些实体上的。但是在本案中，它并不是一个不记名的债权，也不是依附于一个实体，而是抽象存在的。债务人不是明确存在的，不可能通过一个偷换二维码的行为将主体变更。因此这一理由无法成立。

如果按照盗窃债权人地位说，有可能存在一个问题。债权人的地位有两种理解方式。首先，理解为一种抽象的地位：只要二维码被替换，商家的债权人的地位就被替换了。那么只要二维码被替换，犯罪就既遂了。但很明显，大家接受不了这样的结论，而且替换之后也没有发生财产损失。那么这时就只能理解为一种具体的债权人地位：只有当顾客和商家建立了正式的债权债务关系，当顾客准备付钱的时候，这个时候就既遂了。但是根据这个理论，付款的时候是着手的标准，付款过后是既遂标准。这和我之前提到的盗窃货款说的既遂时点是一样的，没有根据债权地位时点来算。这个观点实际上继承了盗窃货款说的理论。因此，盗窃说本身难以成立。

诈骗说本身是否可以成立？需要审查。现在的理论和实务一般认为，商家支付货物实际上是基于债权，并没有被骗。所以一般不认为商家是受骗人。现在的诈骗说都认为顾客是受骗人。顾客作为受骗人有一个前提，就是顾客陷入认识错误。的确，顾客有事实上的认识错误。这是否可以被评价为刑法中盗窃罪的认识错误呢？这需要进一步审查。顾客受骗说认为，若知真相，即无交易。即只要顾客认识到了真相，就不会交易，如果进行交易，就陷入了认识错误。它实际上是基于一种条件说，是**全面无效说**。完全支持全面无效说的学者和实务界人士极少存在。即使井田良教授，作为全面无效说的支持者，也认为要基于重大性对全面无效说进行限缩。在诈骗说中提出要用条件公式的张明楷教授，在教科书中指出，通过法益关系说对全面无效说中"错误"的范围进行适当限制"原则上是妥当的"。因此，不能接受全面无效说。

现在作为通说的理论，或者说是非常有力的学说是**法益错误说**。只有当错误与轻微的法益相关时，"错误"才能被认定为诈骗罪的错误。这样实际上是把所有的目的和动机排除在外，过于限缩错误的范围。财产是我们自我实现的载体。我们用财产不是财产本身作为物质性的东西有用，而是因为财产能够为我们带来自我实现。这时财产才是有用、有价值的。因此，如果将自我实现和财产完全割裂开来，它的范围又过窄，这也是不妥当的。因此，不管总的诈骗说采取怎样的理论，在财产犯罪中，一般我们认为，财产作为交易手段、目的达成的手段而被保护，因此，在财产交换、目的达成这一点上如果存在错误，我们就认为是诈骗罪中的错误。

具体到二维码案，判断顾客是否陷入错误应该考虑顾客的交易目的是否达成。

先审查顾客的交易目的在本案中是否达成。

顾客是否需要认识到二维码的权属关系？我们会认为，一般付款的时候，二维码一定是商家的。但仔细一想，真的有必要吗？比如说贴的二维码并不是商家的，而是商家女儿的，或者是商家捐给红十字会的，那么就构成诈骗了吗？实际上并不构成诈骗。为什么？因为顾客付款的时候最根本的原因不是因为二维码是商家的，而是商家让顾客付款到那个二维码对应的微信账户上。因此,在二维码案中,商家让顾客付款到错误的二维码对应的微信账户上,顾客就支付到了错误的二维码对应的微信账户上,顾客没有陷入认识错误。

再看顾客是否具有核实二维码的义务。

有观点认为,顾客对二维码上的头像和名字有疑问,就有义务向商家提出核实。但这混淆了审查的可能性和审查的义务。如果我们要求顾客对商家的二维码进行审查,就会打乱交易秩序降低顾客和商家相互间的信赖度。最终,我们从民事关系上看,《民法典》第149条规定了关于第三人诈骗的问题。如果第三人诈骗在相对方不知情的情况下,受欺诈方不得提出撤销。这个规定的理由是什么?是为了保护交易的稳定性。既然双方都不知道真实的情况,那么双方都是被欺诈者。这时应当将交易稳定下来,而不应当让善意第三方承担损失。二维码案中,商家支付了货物,但没有收到钱款,已经是损失方。按照民法精神,应该继续保持这样的交易形态,而不应当让相对方顾客承担相应的风险和损失。

因此**顾客受骗说**的理由就存在问题。但是由于诈骗说都是以顾客受骗说为基础的,所以有必要对顾客受骗说的理论进行更深入的检讨。

首先是**一般诈骗说**。

一般诈骗说认为,顾客既是受骗人也是受害人。行为人偷换自己的二维码冒充商家的二维码进行欺骗,顾客误以为是店家的二维码而陷入认识错误,顾客扫码支付处分财产,行为人获得了财产,到此为止,完全符合诈骗罪的构成要件。但实际上这样的理论忽略了通说中认为的诈骗罪中顾客遭受损失的构成要件。而一般诈骗说之所以将这一构成要件删除,首先是因为这样的理论忽略了三角诈骗的可能性,其次是在财产认定上采用了形式的个别财产说。这两点在学界有充分的讨论,三角诈骗有存在的空间,而形式的个别财产说不仅不符合现在的理论,也不符合现在的实践。这两个理由实际上难以成立。这里不详细展开。

其次是**三角诈骗说**。

张明楷教授针对之前的一般财产说提出了一种改良的三角诈骗说,该说是指财产处分人和受害人存在不一致。在二维码案中,顾客是处分人,商家是受害人,这样看起来确实不一致。但实际上,以前之所以认为处分人和受害人是可以分离的,是因为受害人是财产所有人,所以他才会因为财产所有而遭受损失。但在二维码案中,顾客支付的财产是货款,商家受到的损失是未得到的债权,或者是一个预期的货款。商家对顾客支付的货款不具有所有关系。因此三角诈骗实际上难以成立。但张明楷教授针对二维码案提出了新型的三角诈骗说,认为只要受骗人具有向受害人转移处分财产的义务,并且以履行这样的义务为目的,在交易习惯中处分了财产,就认为被害人没有获得财产,并且丧失了要求受骗人再次转移处分自己财产的民事权利的情况下,就构成三角诈骗。这样是否可以构成新类型的财产诈骗?首先,在新类型的三角诈骗中,顾客是财产的所有人。顾客是否存在损失,应当看顾客是否实现了自我预期。商家是否存在损失和顾客没有关系。将商家作为受害人不太妥当。其次,在三角诈骗中,受骗人往往基于一定的支配权限,如处分权,才可以处分他人的财物。

但是在二维码案中,顾客处分的是自己的财物,和商家之间没有处分关系。最后,新类型的三角诈骗实际上改变了以前的三角诈骗。以前的三角诈骗是处分人和受害人之间的分离,但是新类型的财产诈骗是财产所有人和之间的分离。二者最大特点不一样。这样的三角诈骗是否能够成立,需要进一步讨论。

前面我们讨论了盗窃罪中顾客受盗和商家受盗的两种可能,也讨论了诈骗罪中顾客受骗的可能。这些实际上都难以成立。那么是否意味着我们无法处理二维码案了?

我认为二维码案忽略了一种可能:商家作为受骗人,受骗的是债权这样一种可能。在合法的交易中,交易的一方不仅要处分自己的财产,还要获得对价,获得对价的过程实际上是处分自己的债权的过程。在这一处分债权的过程中,是否可以受到诈骗?我认为可以。在二维码案中,顾客并没有欺骗商家,他们达成了合法的债权债务关系,商家有这样的债权,请求顾客往二维码中支付,实际上就是在处分自己的债权。在这样的情况下,由于二维码被行为人偷换,那么商家就陷入了认识错误,错误地处分了自己的债权,造成了自己的损失。因此我们可以抽象出一种**以债权实现为对象的诈骗**。这样的诈骗有三个特征:首先,它以存在合法的债权为前提;其次,受骗人处分的是债权;最后,受骗人处分的是自己的债权,但是最后行为人得到的却不是债权,而是债权所指向的具体的财产。

这样的理论存在两个障碍。

其一,就如刚才凌波师姐所提到的,诈骗罪是一种交流型犯罪。本案中是否存在行为人和受骗人之间的交流?我认为存在。

如果把交流仅仅限定为说话，我把二维码拿到你面前付款才算交流，是否过分限缩了交流的范围？交流不是一个具体的构成要件，而是欺骗行为和处分行为之间因果关系的具体化。只要存在信息传递，欺骗行为传出来一个信息，受骗人接收到了这个信息，就可以构成交流。

其二，素材的同一性的问题。刑法理论一般认为，行为人获得利益和受害人受损失之间存在素材的同一性。但在本案中，处分人处分的是债权，行为人得到的是具体的财产，二者之间似乎不具有同一性。但实际上我们之所以要求有同一性，并不是因为要求它们长得一样，而是要求它们都是通过处分行为将二者联系在一起。但我们知道，处分行为本来就可以使债权的形态发生改变，因此我认为同一性也可以得到合法解释。

主持人：于改之

在刚才的刑法定性的论述中，分别对盗窃罪的缺陷进行批判，对诈骗罪说的不足进行质疑，在此基础上提出了以债权实现为诈骗对象的观点。从报告来看，行文逻辑非常强，剖析深入。我认为他所提出的观点对解决司法实践中的相关问题具有启发意义。

值得注意的是，本单元的两位报告人分别留学德国和日本，凌波留学德国，蔡颖现在在东京大学法学院留学。他们的报告体现出德国刑法研究和日本刑法研究的两个特色：德国刑法研究的抽象性、宏观性、体系性，日本刑法研究的精致和细微。

感谢两位教授的报告。接下来进入评论阶段。

二、评论

主持人：赵书鸿

这几年关于刑法分则的研究大部分集中在诈骗罪领域。在德国，分则的研究也主要集中在这方面。原来我们的研究主要集中在意思的说明上、欺诈行为的意思保护上，因为诈骗罪是一种交流型的犯罪。针对具体的诈骗行为，最新的德国研究集中在医疗、保险、体育彩票三个方面。但是在诈骗的一般理论上，包括雅科布斯、金德霍伊泽尔的作为违反真实意思的说明义务，在这种情况下，针对欺诈行为的研究有很大的出入。前提是按照之前的义务形态说——这种根源来自费尔巴哈的强制性说——经过这一部分人的推动，现在大家更多把欺诈行为作为违反义务的行为，这是现状。无论是中国还是德国，很多研究都集中在一个罪名上，这应当引起我们反思。凌波教授和蔡颖博士的报告，在问题的提出、观点的说明，尤其逻辑的论证上，比我们这一代接受了更多的严格训练。

当然，任何观点的提出都需要接受广泛的质疑和批评。下面进入评论阶段，我们邀请了三位评论人：来自学界的王复春博士和蒋太珂博士，以及来自实务界的周德金庭长。

评论人：王复春

偷换二维码取财行为的定性是目前困扰我国刑法理论的难题。现在学界各种学说都或多或少地存在说理并非完全酣畅淋漓的感觉，只能说某些关于诈骗罪基本观点构造的观点分歧会导出不同的结论。总体来说，相对于盗窃罪的结论，诈骗罪的结论可能会更有市场。当然也存在无罪说、侵占说等其他学说，实际上等于是放弃了就诈骗、盗窃论证的努力，转而降格评价或干脆不予评价，将该行为予以出罪。不管哪一点结论都无法躲避对诈骗罪、盗窃罪构成要件要素成立的正面的论证和解释，因此可以说它是当前财产犯罪的前沿难题。

在对蔡博士的报告进行点评之前，我想先对案件进行概括，将核心案件事实提炼为在顾客购买货物、商家使用支付宝或者微信二维码收取顾客转入货款的交易方式中，行为人用自己的二维码覆盖了商家的二维码，不知情的顾客按照商家的指示将货款转入行为人的支付宝或者微信账户之中。

在本案中存在三方主体。顾客购买货物，并且错误地向行为人的账户支付了货款，商家因为不注意二维码的正确性而没有收到货款，行为人利用商家的不注意和顾客的不知情，不当收取了货款。这样的案件可能还会有另外一种呈现方式，比如 A 公司将货物卖给 B 公司，合同约定由 B 公司收取货物之后将款项转入 A 公司的账户。A 公司有一名已经被辞退的职员甲，之前保管 A 公司的公章，他伪造了一份通知，在通知上盖了 A 公司的公章，声称 A 公司已经变更自己的账户，新账户是甲可控制的账户，B 公司收到通知后审查了公章的真实性，于是将款项转入了甲个人账户。这两个案件实际上是同一类案件。

本质上这类案件的特点如下：第一，顾客支付对价款的行为仍然是有效的支付，商家的债权消灭了。第二，行为人的地位可能是一种冒名履行辅助人的角色，具有商家履行辅助人的外观。第三，商家交付货物的行为仍然有效，货物的所有权合法转移给了顾客，商家的债权因为法律规定通过行使请求权已经消失。所以，对于商家而言，一定是发生了货物损失。商家有一种期待损失是货款。第四，顾客的付款行为和接受履行行为均有效。从法律角度来说，顾客没有损失。因此这类案件，给人感觉好像是盗窃，又好像是诈骗。

蔡博士的报告先对结论上站不住脚的盗窃说进行批判，否定了盗窃说的结论合理性，再用诈骗说的论据进行检讨，并且站在已有的诈骗罪的结论之上寻找其他论据支撑诈骗罪成立的根据。所以总体而言，我认为蔡颖博士的论证思路非常清晰，论点也具有很强的新颖性。对于诈骗说，论据具有一定的解释力，但是仍然有一些问题值得我们讨论和思考。

我认为作品是人的思想最好的载体。下面我按照蔡颖博士报告的思路，对他的论点、论据作一个仔细的检讨，试图提出不同的观点或者可能的补充。在评论最后我会发表自己的观点，既然本论坛的定位是青年实务论坛，所以我试图作为不安分的"漏斗"挑战一下，挑战作者和作者论文背后的学界大佬。另外，既然论坛要务实，那我就要提出实实在在的真观点或者提出可行的真方案。鉴于此，我会在最后提出我的解决方案。

蔡博士批判了盗窃说，指出盗窃说的结论不正确，主要有三点理由。第一，虽然偷换行为需要秘密性，但是偷换行为是预备行为不是实行行为。第二，商家从未占有或者对货款有支配的事实，不是盗窃的被害人。第三，认为不可能构成诈骗罪的根据不足，不能以此支持盗窃罪的成立。

上述三点理由中第二点颇有见地。有观点用钱箱被替换与本案类比，试图论证商家具有瞬时的占有，但是正如文章所言，类比不太妥当，因为款项实际上从顾客的支付宝或者微信账户直接转入行为人的账户，通俗说商家连铜臭味都没有闻到。第一点理由虽然点题但是有点隔靴搔痒的感觉。应该指出，即便肯定秘密性是盗窃罪的成立要件之一，认为本案具有秘密性，也还要论证其他客观要件的成立，尤其是窃取行为中的不可占有要件。至于第三点理由，诈骗罪和盗窃罪虽然是排斥关系，但是不成立诈骗并非当然成立盗窃。正如张明楷教授所言，盗窃说缺乏正面论证。至于盗窃说内部的改良，如盗窃债权人地位说，一方面没有从根本上解决盗窃说本身的质疑，另一方面还引起新的问题，如债权人地位到底能否被盗、有没有规范的可能性。

对于诈骗说，蔡博士分析了一般诈骗说、三角诈骗说与新型的三角诈骗说。他认为一般诈骗说采取顾客有认识错误的观点是错误的，如果考虑到顾客的交易目的已经达成，那么不可能认为顾客具有与法益有关的错误，顾客对二维码真实性的错误不属于诈骗罪中受骗人的错误，但是蔡博士的这种观点可能存在过于冷漠的问题。如果顾客知道真相，在不损害自己利益的情况下，难道不应当基于民事上的诚实信用原则，给予交易相对方一种适当可能的保护吗？我认为不构成一般诈骗罪的根本原因在于顾客虽然有错误，但是通过处分行为并未产生任何财产损失。我国司法实务普遍对诈骗罪采取了个别的财产损失说。对于顾客而言，其交易期待是以货款购买货物。从客观上来看，顾客合法地取得了货物的所有权，当然没有财产损失。并且"骗"的方法本身，也不具有引起顾客造成财产损失的认同危险，很难认为是针对顾客的具有实质危险的诈骗行为。当然蔡博士的论文中也详细分析了这一理由。

至于三角诈骗说，报告指出，其结论有误，属于类推解释中的三角诈骗。

重要的是如何理解新型三角诈骗说。我认为，第一也是非常重要的，它是张老师提出来的，我们学术"漏斗"如果与张老师决裂，大概类似于用阿基米德的杠杆来撬张老师的脚趾头的感觉。另外，新型三角诈骗说，关键的要素不在于三角诈骗，而在于"新型"，普通三角诈骗说的质疑很难在该学说上生效。蔡博士提出，新型三角诈骗罪的受骗人即顾客有错误，这一论据有误。另外，顾客和商家的关系不同于三角诈骗的关系。与蔡博士的观点不同，我认为三角诈骗最大的问题在于：第一，从货款的角度看，商家疏于管理自己的民事法形象，让履行义务人对商家产生了接受履行义务者的人格认识混淆。商家本来应该自担风险。如果一概以诈骗罪论处，会使得民法上与这种情形非常类似的表见代理被作为犯罪行为来处理，在结论上不当地扩张了刑法的适用范围。第二，从诈骗素材的同一性视角看，尽管受骗人取得的对象和取得的素材上都是货款，但从财产损失来说不具有同一性。

与这个观点不同，我认为该案应该成立诈骗罪，但是是一种全新的诈骗。新点在于：第一，我认为侵害的对象是商家的货物，顾客的货款没有受损，商家的债权也没有受损，而是商家的货物受损。第二，本案的实行行为是利用对顾客的欺骗而实现对间接正犯的诈骗行为。第三，从货物损失上来说，应该采用动态判断的观点，在交易型场合，商家交付货物以后，同时产生债权。债权是民事法对其交付完货物的一种保护。在财产损失的判断上，只有顾客把货款转移到行为人二维码账户的时刻，才会使这种保护突然消失。因此，货物损失是从实际上转入货款、货物没有办法请求返还时开始算。第四，从违法所得的认定上说，应该认为存在两个结构：一是通过诈骗获取货物；二是通过货物和货款实现交换是隐瞒犯罪所得的行为。因此，应该最终对违法所得的货款采取刑事诉讼上的措施。当然这一观点是否站得住脚，还要仔细地进行推敲。作为一种不同的、可能的、新的解决方案，姑且提出来，希望大家批评指正。

评论人：蒋太珂

我点评的是徐凌波的《电子支付环境下财产犯罪的难点与问题》。

徐凌波老师的这篇文章虽然篇幅不大，但是内容丰富，对理解财产犯罪的相关前沿问题，提供了很多富有启示性的思考维度。当然，因为文章内容过于简略，也增加了准确理解文章的难度，特别是在客观解释论成为刑法解释的主流解释方法的前提下，我的这些理解也可能是违背原意的客观解释。但我希望我对这篇文章的理解尽可能处于其思考的延长线上，我的理解也可能是对作者观点的误读，无论是哪种可能，都希望能有利于交流。

我认为徐老师这篇文章虽然处理的是二维码偷换问题，但是这篇文章有三个很明显的特色。一是方法论意识。这篇文章开头强调的前置问题，体现了作者的方法论立场和论证立场。二是这篇文章的写作方式不是问题意识，而是命题意识，将司法实践中可能遇到的问题还原于一种命题，并将命题同体系相关联，从体系上进行论证。三是强调评价的精准性，理清了我们原本想当然的一些概念。徐老师从德国法的角度，继受日本法的概念，或者是基于日本学术的一些立场进行了反思。这可能是为了保证评价的精确性。

对于徐老师的文章，我主要从以下三点进行评论。第一，我想明确方法论意识的实施内涵到底是什么。第二，基于这种方法论意识对于具体案件展开的分析论证，提出我的疑问。第三，对于徐老师这种基于立法论立场的观点，提出我的疑问。

就像徐老师指出的一样，在我国刑法分则中，财产犯罪是我国体系化最充分的一个犯罪类型。从传统对于体系化的理解中，我们强调以犯罪特点或者法益为中心进行体系化。其实我们在司法实践中也面临着一个问题：对于财产犯罪的理解，其实也是以法益为中心进行解释的，判断虚拟财产是否可以成为财产犯罪的对象，张明楷老师说，最关键的是判断虚拟财产是否是财物——如果是，那么就成为财产犯罪的对象。但是如果我们仔细考虑一下，财产犯罪的体系化理解并不仅限于此。一方面，我们是以法益为中心进行体系化理解的。另一方面，我们强调区分不同财产犯罪的类型。一个是以占有为中心,一个是移转占有型或者非移转占有型的区分。如果从这样的视角出发,财产犯罪应坚持两个立场:第一,它的保护法益到底是什么;第二,不同财产犯罪类型的构造到底是什么。

但是我们坚持以客观目的论解释的时候,强调以法益为中心,导致法益概念摧没了行为构造的概念。就像徐凌波老师说的那样,这会走入只要侵犯财产性利益就构成财产犯罪的认识误区。财产性利益属于财物可能只是财产犯罪成立的一个必要条件,但不是充分条件。如果继续坚持这种立场,我们可能得出这样一种结论:盗窃罪是一种取得型犯罪,不需要"是否从财产占有人那里移转占有",只需要"行为人是否取得财产权益"。如果基于这样一种观点,就会得出这样的结论:盗窃罪是整个财产犯罪的兜底条款。

徐凌波老师对偷换二维码的行为进行了两个论证:第一,不构成诈骗罪;第二,不构成盗窃罪。我有几个疑问。

第一个疑问针对不构成诈骗罪。徐凌波老师认为本案不构成诈骗罪的理由有两点,这两点都是建立在徐凌波老师认为商家的损失是债权之上的。我对这个观点有些疑问。正如王复春老师所说,为什么不能把财产损失的对象理解为财物?我们在强调不法原因给付的时候,不法原因给付不成立诈骗罪,我们强调给付人对财物不具有返还请求权。按照这样的理解,物也可能成为财产损失的对象。另外,我们强调诈骗罪的财产损失与处分行为具有直接关联。在偷换二维码案中,商家处分的是商品,只要支付了价款,就交付商品。基于这种理解,如果把商家的财产理解为商品，是否仍然存在成立诈骗罪的可能性？

第二个疑问是，徐老师提出该案不构成诈骗罪的原因是，我们传统对于诈骗罪实行行为的理解，就是错误的认知，徐老师提出了新的理解，认为引起错误的认知并不构成诈骗罪的实行行为，诈骗罪行为是一种交涉型行为，诈骗罪的实行行为是通过交涉引起他人的错误认知。对于这种观点，我有几个疑问。第一，徐老师强调诈骗罪是被害人自我损害型犯罪。但如果强调诈骗罪是一种被害人自我损害型犯罪，她的推理就得不出来，必然需要一种交往沟通的可能性。第二，即使理解为交往沟通型的犯罪，正如刚才报告人指出的那样，这种交往沟通未必必须限制为直接基于意思的交往沟通。第三，徐凌波老师的很多观点都是从德国的理论反思我们原本继受自日本学说的观点。正如徐凌波老师指出的那样，我国的财产犯罪具有充分的包容性，既可解释为日本的立场，也可以解释为德国的立场。为什么我们原本基于日本立场作出的解释就不具有优势性？徐凌波老师在文章中的阐述过于简略，我认为她没有给出充分的论证。

第三个疑问针对徐凌波老师提出的"不构成盗窃罪"这一主张。徐凌波老师之所以认为本案不构成盗窃罪，是因为在这种情况下，商家还没有获得债权。其实最关键的问题是盗窃罪中所有权的移转占有，在被害人没有获得所有权时，不可能从被害人那里获得移转占有。我基本上赞同徐凌波老师的这个观点，然后徐凌波老师又展开了电子支付中虚拟财产移转占有的讨论。最近马寅翔老师的观点很有意思，他强调传统的财产占有是以有体物为中心的占有，即对有体物的直接支配或者移转。如果基于这个立场,非有体物的虚拟财产如何可以类比传统的诈骗罪、盗窃罪进行论证?马寅翔老师提出这样一种观点:这种情况就类似于作为犯和不作为犯。我们把传统的虚拟财产类似于不作为犯。它怎么同作为犯等价,或者说,虚拟财产如何和有体物等价?在这种情况下,进一步可以探讨,"占有"的概念发生了什么机能和意义?他认为,在传统的占有概念下,移转了有体物的占有就产生了财产损失。移转有体物的占有代表了罪刑法定的明确性。基于这样的立场,他进一步得出,虚拟财产移转占有的理解必须建立在虚拟财产利益的实质丧失上。

评论人:周德金

近年来我国的刑法理论不断发展,我们从学习苏俄,到学习日本,再到学习德国,越来越接近法学巨头国家,我们也有越来越多的底气和资本去和德日这样的刑法先进国家进行对话!尤其是越来越多的青年才俊到德国留学,带来很多一手资料。有的学者具备像许玉秀教授所说的可以像说母语般地用德语和德国刑法学者进行对话的能力。虽然说我们现在还比较缺乏跨时代的刑法大师,但是我们从未缺乏刑法大家的人才储备。尤其是今天,不少年轻的新生力量正在像朝阳一样冉冉上升,大家也是有目共睹的。当然,能够有今日的刑法理论繁荣景象,既有老一辈刑法学者的引领和开拓,更在于今天开放的机会,也在于年轻学者的勤奋和才智。

第一篇文章,徐博士以偷换二维码案为例的文章,在并不太长的篇幅中,对近年来财产犯理论与实务的争点问题进行了关键的梳理,尤其是对盗窃和诈骗的区分标准、三角诈骗处分的问题作了充分的剖析。这充分显示了徐博士对理论,尤其是对德日财产犯有关理论掌握得轻车熟路、信手拈来。文章的很多观点都来自缜密、前沿的思考。这样的思考,没有深刻的理论功底是不太可能的。比如徐博士提出,在利用作为占有辅助人、第三人实施侵犯他人财产的情况下,并不能排除同时成立盗窃罪间接正犯和三角诈骗的可能性。盗窃罪和诈骗罪之间仍有发生想象竞合的可能性。这个观点值得很好的论证。因为在通说的观点中,盗窃罪和诈骗罪之间,存在互斥的排他关系。又如徐博士提出来,偷换二维码的行为本身是否属于诈骗行为值得研究。我觉得确实是一个值得研究的问题。这实际上对诈骗罪构成要件中,欺骗行为与错误认识之间的因果问题提出了研究的方向。再如徐博士从刑法教义学的角度出发,从占有到处分,对盗窃和诈骗的各个侧面都作了认真的解释。这值得充分肯定。以往很多文章都是从一个侧面来理解问题,比如说从处分行为的一个侧面讨论问题,这也给我本人很多启发。还如徐博士提出,所有权的犯罪体系建立在所有人占有的区分之上,从而形成了侵占、盗窃、抢劫三体的罪名体系,这是比较新的观点。在处理刑法 P2P 的问题上,对司法实践是有启发的。我不是说这三体的罪名就是正确的,或者是合适的。但是引出轻罪兜底,在行为的链条之上,形成由重到轻的阶梯,这对司法实务来说是有意义的。拜读了徐博士的大作后,由于本人的知识和水平有限,有些问题还有疑惑,需要徐博士和大家传道解惑。

其一,徐博士认为,偷换二维码的行为不成立诈骗罪的前提障碍,是偷换的行为不存在意思沟通的联络。这是因为诈骗罪是一个沟通犯、关系犯，与此特征不同。值得探讨的问题有两个：第一，诈骗罪是不是必然属于沟通犯和关系犯？第二，如果属于沟通犯，什么样的行为属于沟通行为，什么样的行为不属于沟通行为？我们知道诈骗罪属于沟通犯、关系犯，主要属于犯罪学的理论，是否足以纳入诈骗罪的构成要件特征之中，有待理论和实践的进一步检验。例如，张三到银行取款，递给工作人员假的、他人遗失的身份证，这个时候算不算沟通？又如张三获得了李四的银行卡密码，拿着李四的银行卡到网上银行或者 ATM 机取款。这时候是不是就不能认为存在沟通？如果是这样的话，是不是意味着通过支付宝、微信和 ATM 机取财的行为都应当认定为盗窃。还有，比如在超市试穿衣服逃跑的行为，行为人与售货员之间的交流是否属于沟通？

其二，文中提到侵占罪涉及所有权的转移，我不太理解。侵占罪是将代为保管的他人的财产据为己有，在这种情况下，如何解释占有行为能把所有权转移。如果是存款，我们可以理解，因为存款的占有即所有，特定物是不是能在民法中找到依据？

其三，文中提出从盗窃罪的一般理论来看，两者的界分在于第三人的行为是否打破被害人的占有。我还没能理解这句话的意思。因为盗窃和诈骗都是打破对他人财产的占有。

其四，徐博士认为，在目前情况下，偷换二维码取财的行为不能定罪。我觉得这首先要考虑合理性和可罚性的问题。我们怎么能把一种明显侵害他人财产的不法行为也视为民法规制的行为？而且刑法对于盗窃罪和诈骗罪都采用了简单罪状，看不出立法对这类行为的禁止性规定。如果认为无罪，我觉得这是有问题的。不是实践出了问题，而是理论出了问题。

我觉得青年学者需要从教义学中不断加强规范的训练，但是同样需要从社会、历史、政治和实践中汲取营养。不能为了理论而理论，需要理论与实践的紧密结合，引领司法，同时也为司法服务。例如，我个人觉得徐博士有着很深厚的理论功底，但是我觉得这篇文章的写作似乎稍微有些仓促。有些观点可能限于篇幅没有把道理说清楚。例如，盗窃罪和诈骗罪之间究竟会不会形成竞合关系？我觉得还可以说得更加清楚一点。另外，侵占、盗窃和抢劫为什么可以形成三级对立体系，还需要进一步的论证。总而言之，徐博士的论文非常优秀，具有缜密的思维和前沿的思考。我个人提出了几个疑问。既在于个人知识的浅薄，也在于当前司法实践对于刑法教义学的理解和把握存在漏洞。

第二篇文章，我个人感觉蔡颖博士的观点比较接近传统的观点，可能与司法实务结合起来相对容易一些。他分别对盗窃、一般诈骗说和传统的三角诈骗说进行了深入的分析。蔡博士的分析逻辑性强，说理充分，能够把一个问题说明白、说透彻。可能司法实务者与蔡博士进行对话比较容易一些。例如，蔡博士对盗窃说的漏洞的分析，说明秘密性不是区分盗窃与诈骗的标准，这无疑是正确的。又如，债权人地位没有被盗窃，这也是正确的。即使行为人偷换了二维码，但债的请求权自始至终都属于商家，这是毫无疑问的，并且具有明显的民法的依据。再如，蔡博士对瞬间占有的观点进行了批驳，我个人认为是正确的，瞬间占有显然是一个伪命题，占有是一种状态，如果这种状态缩短到了交付的一瞬间，显然是没有任何意义的。这种瞬间占有的说法显然有一种为理论而理论的嫌疑。

当然，我认为蔡博士的文章有一些问题也值得商榷。其一，蔡博士提出张明楷老师的新类型三角诈骗具有缺陷。但是，他对于张老师理论的缺陷的论证似乎还不充足。因为张老师的理论假设是受骗人处分了自己的财产，并不违背处分的特征、角色和地位。与旧的三角诈骗比较，是一种新的三角诈骗。但蔡博士认为张说的弊病在于三角诈骗的核心不具有可类比性。我觉得这个显然是蔡博士没有把问题搞清楚。其二，蔡博士提出以债权人地位为目的的诈骗的新说，但我个人感觉对这个问题的阐述似乎还不够透彻。债权人新论是不是可以弥补张明楷老师提出的新类型三角诈骗的缺陷？这个学说能不能克服它的缺陷是很大的一个问题。蔡博士新论中，顾客行为是否还属于三角诈骗的处分人？能不能做到与所有人的分离？怎么认定商家既是受骗者又是受害者？既然认为对于二维码来说顾客没有被诈骗的可能，为什么就认为商家具有被诈骗的可能？如何来论证后者就具有被诈骗的可能？蔡博士还提出商家损失的是合同债权。正如前文所论述的，债权并不因为二维码的偷换而丧失，那么损失合同债权在民法上是一种什么样的状态？债权是一种权利义务关系，怎么样可以损失？我觉得值得进一步研究。

案例二
一元夺宝案

主持人：杜　宇（复旦大学法学院教授）
　　　　柏浪涛（华东师范大学法学院副教授）
报告人：邹兵建（天津财经大学法学院副教授）
　　　　袁国何（复旦大学法学院讲师）
评论人：储陈城（安徽大学法学院副教授）
　　　　姚万勤（西南政法大学法学院副教授）
　　　　胡宇翔（杭州市下城区人民检察院公益诉讼监察部主任）

一、报告

主持人：杜　宇

这个阶段的两位发言人，一位是邹兵建博士，一位是袁国何博士，都是刑法领域非常新锐的青年学者。我想今天大家也能感受到他们在论文中展现的非常精致的分析能力和思辨能力。首先有请邹兵建博士。他今天报告的主题是"论诈骗罪中的财产处分行为——以最高人民法院第27号指导案例为切入点"。

报告人：邹兵建

论诈骗罪中的财产处分行为

——以最高人民法院第27号指导案例为切入点

财产犯罪尤其是诈骗犯罪属于高智商犯罪，按理来说这种犯罪应该由高智商学者研究，所以我一直不敢碰这个主题。这篇论文算是我的暑假作业，里面还有很多内容不成熟，不排除存在一些很业余的错误的情况，还请专家学者和评论人多多批评。

（一）第27号指导案例的核心议题及其观点

我和袁国何教授讨论的是最高人民法院第27号指导案例臧进泉的盗窃诈骗案，这个案子发生在浙江。第27号指导案例将本案案情分为盗窃事实和诈骗事实两部分。针对行为人的诈骗事实构成诈骗罪，理论上没有任何争议。存在一定争议的是针对其中所谓的盗窃事实，行为人到底构成诈骗罪还是盗窃罪。大家可以在论文中找到关于事实的相关描述。简要说，就是行为人给被害人发送了显示支付金额为一块钱的支付链接，被害人误以为真的是支付一块钱就点击了这个链接，但实际上这个链接对应的是30.5万元的支付金额，在被害人点击了这个链接后，这30.5万元自动转到了行为人的账户上。法院认为针对这部分事实，行为人构成盗窃罪，最高人民法院也认可了这一结论，并且对该裁判要点作了一个概括：行为人利用网络诱骗他人点击虚假链接，而实际通过预先植入的计算机程序窃取财物构成犯罪的，以盗窃罪进行定罪处罚。虚构网络交易的商品或者服务，欺骗他人点击付款链接而骗取财物的犯罪,以诈骗罪定罪处罚。第 27 号指导案例的核心议题就是如何区分诈骗罪和盗窃罪,关于这个问题理论上有两种不同的观点。

第一种观点认为,诈骗罪和盗窃罪的区分关键在于被害人有没有实施财产处分行为,不妨把这个观点简称为处分行为说,它是学界的通说观点。

第二种观点认为,区分诈骗罪和盗窃罪的关键在于行为人在取得财物过程中起到决定性作用的行为手段是骗取还是窃取,不妨把这种观点称为行为手段说。

分析第 27 号指导案例的裁判理由,可以发现其中同时提到了行为手段说和处分行为说,所以说它试图确立一种整合了行为手段说和处分行为说的综合判断标准,我把它称为综合判断说。问题是这两种学说能否被顺利地整合在一起,尤其是考虑到,一般认为行为手段说采用的是行为人视角,而处分行为说采用的是被害人视角。如果这个判断准确的话,那么它们没有办法整合在一起,因为它们的视角是存在根本冲突的。对于行为手段说采用的行为人视角,不会有任何疑问,但问题在于处分行为说真的是否像学界通说所理解的那样采用被害人视角。这个问题不仅关系到综合判断说的理论意义,也关系到处分行为说的理论意义。因为如果认为处分行为说采用的是被害人视角,那么这个学说在理论的正当性上会受到重大质疑,为什么被害人有没有实施某个行为能够决定此前已经实施完毕的行为的性质?我认为,要弄清楚处分行为的判断视角,就要理解诈骗罪的财产处分行为,尤其需要把握其在诈骗罪构成要件要素中的地位。

(二) 财产处分行为的要素

关于财产处分行为的要素定位，以前学界没有进行专门的讨论，但是也有一些相关的论述。对这个问题理论上有两种观点，分别是结果要素说和行为要素说。但是这两种学说在如何处理、区分诈骗罪和盗窃罪的通说观点就是处分行为说上难以兼容。例如，顾客甲隐瞒其真实想法请求试穿西服，店员乙将一件西服交给甲，甲穿上西服后趁乙不注意悄悄溜出商店。我们将这个案件称为"试衣案"。根据处分行为说，毫无疑问，这个行为构成盗窃罪。可是如果按照刚刚所说的结果要素说，行为人实施欺骗行为，被害人陷入认识错误，但是被害人没有处分财产，而财产处分行为又是结果要素，也就意味着这个案件具备了诈骗罪的行为要素，但是欠缺诈骗罪的结果要素，属于诈骗罪的未完成形态，构成诈骗未遂或者诈骗中止。如果按照行为要素说，也会得出类似的结论。只不过一个是实行终了的未完成形态，一个是实行未终了的未完成形态。但是对于这个案件而言，妥当的结论显然是该案构成盗窃罪而非诈骗罪。值得注意的是，在司法实践中，除以"试衣案"为代表的案件外，还有另一类欠缺财产处分行为的案件，而这类案件却不会被认定为盗窃罪。例如，甲冒充民警打电话给乙，声称乙的银行账户有风险，马上就要被冻结，要求乙将该账户里的钱全部取出来汇到另一个指定的安全账户。乙信以为真，急忙跑到银行要求取钱汇款。乙的举动引起了银行工作人员丙的注意，丙便问乙为何要取钱汇款，乙如实告知缘由，丙判断这是一起电信诈骗，拒绝给予办理取款和汇款服务，并且在第一时间报警。我们将这个案件称为"冻结案"。这个案件肯定也欠缺财产处分行为，理论上毫无争议，这个案件构成诈骗未遂。同样是欠缺财产处分行为的案件，一个试衣案，一个冻结案，可是它们的结果一个是定诈骗罪，一个是定诈骗未遂，这其实和财产处分行为不是同一回事。换言之，在诈骗罪的构成要件中应该存在两种不同的财产处分行为，那么那个多出来的财产处分行为到底是什么？它在哪里？我认为它包括在欺骗行为当中，所谓欺骗，就是指虚构事实、隐瞒真相，但是并不是所有虚构事实或隐瞒真相的行为都可以成为诈骗罪中的欺骗行为。理论上毫无争议地认为诈骗罪中的欺骗行为内容必须是指向被害人或者他人的财产处分行为。换言之，诈骗罪中的欺骗行为，特指这样一类欺骗事实或者隐瞒真相的行为，其内容旨在使对方产生会引起财产处分行为的认识错误，不难发现这种欺骗行为的定义已经包括了财产处分行为，而这个财产处分行为的功能在于对诈骗罪中的欺骗行为的内容进行限定，显然这个财产处分行为不同于学界通常所理解的作为欺骗行为的实际效果的财产处分行为。为此，我将欺骗行为的定义所包含的财产处分行为称为"作为欺骗内容的财产处分行为"，将学界通常理解的财产处分行为称为"作为欺骗效果的财产处分行为"。不难发现，试衣案所欠缺的是作为欺骗内容的财产处分行为，而冻结案所欠缺的是作为欺骗效果的财产处分行为。

明确了这两种不同的财产处分行为，它们的要素定位也就呼之欲出了。作为欺骗内容的财产处分行为，属于诈骗罪的行为要素的关键性内容，而作为欺骗效果的财产处分行为，属于诈骗罪的结果要素。接下来的问题是，处分行为说的财产处分行为到底是什么处分行为。答案显而易见，是作为欺骗内容的财产处分行为。既然如此，处分行为说采用的就不应当是被害人的视角，而是行为人的视角，这样便化解了处分行为说所面临的正当性危机，与此同时，它还确保了处分行为说与行为手段说在判断视角上的一致性，从而给二者的整合创造了条件。

区分了这两种不同的财产处分行为条件之后，我们可以把所有与财产处分行为有关的案件分为四类：第一类是有作为欺骗内容的财产处分行为，同时也有作为欺骗效果的财产处分行为的案件。所有的普通的诈骗既遂案件都属于这一类。第二类是既没有作为欺骗内容的财产处分行为，也没有作为欺骗效果的财产处分行为的案件。前面所说的"试衣案"为代表性案件。第三类是有作为欺骗内容的财产处分行为，但是没有作为欺骗效果的财产处分行为的案件。前面所说的"冻结案"就是代表性案件。第四类是没有作为欺骗内容的财产处分行为，但是有作为欺骗效果的财产处分行为案件。这类案件比较少，说实话，这两天我一直在想能不能想出这样的一个案件来，实际上这是可以推导的，但是实践中想不出来。今天凌晨3点想出来了，大家帮我判断一下：甲到一家商店声称要为自己的妻子挑选一件生日礼物，让售货员乙将一枚价值5 000元的戒指从柜台中拿出供其挑选。甲趁乙没有注意，将戒指放入自己左边的口袋，并从右边的口袋掏出一枚事先已经准备好的、与销售员拿出来的戒指在外形上高度相似的戒指准备将其交给乙。到这里为止，这就是我们通常所理解的调包案。甲声称这枚戒指价格有点贵，也不知道自己的妻子喜不喜欢,所以决定过几天带自己的妻子过来挑选。乙因为销售业绩压力比较大,害怕错过这一单,没有接过甲递过来的戒指,而是跟甲说:如果你很想买的话,我可以给你打 8 折,并且可以让你把戒指带回家给你的妻子试戴,如果你的妻子喜欢再来付钱;如果你的妻子不喜欢,三天之内可以无理由退货。甲窃喜,带着这枚戒指一去不复返。我认为这个案件可能就是属于没有作为欺骗内容的财产处分行为,但是有作为欺骗效果的财产处分行为的案件。

(三) 财产处分行为的内容

此处有三个问题:第一,财产处分意识是否必要;第二,财产处分意识需要达到什么样的程度;第三,和我们所讨论的案件相关,新型支付方式对财产处分意识会产生怎样的影响。

第一,关于财产处分意识是否必要的问题,理论上有对立的两种观点,一种是必要说,一种是不必要说。不过在必要说和不必要说中,有些学者的阵营归属可能并不准确。西田典之被学界归入了处分意识不要说的阵营,这一阵营归属也得到了西田典之本人的认可。但是仔细去分析他对财产处分意识的讨论,就会发现他实际上属于处分意识必要说的阵营,他的观点实际上和平野龙一的观点不一样,相关分析可以看我的论文。那么为什么会出现这一现象呢?我认为,财产处分意识是否必要的问题,实际上是指财产处分意识之于财产处分行为的成立是否必要的问题。可是学界在讨论这个问题的时候,将其泛化为财产处分意识基于诈骗罪成立是否必要的问题,从而误解了财产处分意识所指向的客体,为了避免发生这种误解和混淆,我认为应当将财产处分意识是否必要的问题,进一步明确为财产处分意识之于财产处分行为的成立是否必要的问题。如此一来,财产处分意识是否必要的问题,便可转化为财产处分行为与财产处分意识的关系问题。在这个问题上我们可以想象到有两种观点:包含说和并列说。实际上处分意识必要说就是包含说,处分意识不要说就是并列说。为什么要作这样一个理性提示?是为了避免像前述所说的西田典之教授那样的阵营归类错误。那么在这个问题上我支持包含说,也就是处分意识必要说,主张财产处分意识是财产处分行为的不可或缺的核心要素。在论文中,我讲述了五点理由。时间关系,我说其中两点。

一是只有采用处分意识必要说,才能通过考察有无财产处分行为来有效区分占有的转移和占有的迟缓,从而对行为人的行为进行准确定性。值得注意的是,有很多学者,其中既有处分意识必要说阵营的学者,也有处分意识不要说阵营的学者,认为区分占有的转移和占有的迟缓是诈骗罪中直接性要件的功能,而非财产处分意识的功能。但是在我看来,所谓的直接性要件只不过是财产处分行为所带来的当然的附随性的效果,它并不是一个独立的要件。实际上在分析具体案件的过程中,如果完全不考虑财产处分意识,那么这个所谓的直接性要件就根本不能发挥作用。

二是很多主张处分意识不要说的学者之所以选择这种学说立场,是因为他们注意到,在新型支付方式下,有可能会出现被害人的行为在客观上引起了占有转移的效果但是被害人在主观上并没有财产处分意识的情形。这类案件在理论上被称为"不知情交付"型案件。主张处分意识不要说的学者认为,"不知情交付"型案件的存在,充分说明财产处分行为的成立不以财产处分意识为必要条件。但是我认为,这种论证思路是不能成立的。这涉及被害人是否实施了财产处分行为与被害人的行为是否引起了占有转移的效果之间的关系问题。在侵犯有体财产的案件中,被害人是否实施了财产处分行为与被害人的行为是否引起了占有转移的效果是同一个问题。可是在新型支付方式下实施的侵犯财产性利益的案件中,被害人实施了财产处分行为与被害人引起的占有转移的效果不是一回事。前者是后者的充分不必要条件。而处分必要说的问题,就在于忽略了新型支付方式对二者关系的影响,从而将二者完全等同起来。

第二,关于财产处分意识需要达到何种程度的问题,可以分为缓和论和严格论两种阵营。在缓和论中,不同的缓和程度又有不同的学者加以主张。有学者认为受骗者需要对被交付的财产所认定的种类和性质有间接的认识,但并不需要对交付的财产的数量和价值有正确的认识。这是张明楷老师提出的观点,我把它称为质量区分说。前面是质的信息,后面是针对量的信息。也有学者认为,只要受骗者认识到自己的行为是把某种财产转移给对方占有即可,不要求受骗者对被交付的财产的性质、数量、质量、价值等信息有全面正确的认识,可以把它称为极端缓和说。我认为与严格论相比,缓和论更有道理。而在缓和论阵营中,与质量区分说相比,极端缓和说更有说服力。其实无论是严格论还是缓和论中的质量区分说,似乎都隐含着一种理论志向——追求诈骗罪中损失财产与被处分财产的一致性。只不过,严格论所追求的一致性,是指二者完全一致;而质量区分说所追求的一致性,是指二者属于同一个种类。然而实际上,所谓损失财产与被处分财产之间的一致性,并不是诈骗罪的客观构成要件所要求的内容。在讨论诈骗罪的客观构成要件时,未见哪位学者明确提出,损失的财产和被处分的财产要有一致性。既然如此,为何在讨论财产处分意识需要达到何种程度时,损失的财产和被处分的财产之间的一致性会成为严格论和质量区分说志在追求的理论目标呢?我认为,问题还是出在支持严格论或质量区分说的学者脱离了财产处分行为来讨论财产处分意识,从而错误地理解了财产处分意识所指向的客体。

从理论逻辑上看,讨论财产处分意识需要达到何种程度,需要以处分意识必要说为当然的前提。处分意识必要说其实就是在财产处分行为与财产处分意识的关系问题上的包含说。根据这种观点,财产处分意识是财产处分行为不可或缺的核心要素。既然如此,财产处分意识当然要在所指向的客体上与财产处分行为保持完全一致。在这种情况下,把被害人所损失的财产单独地从被处分的财产中抽离出来,讨论被害人对其有无财产处分意识,实际上是抛开了财产处分行为,对财产处分意识作重复讨论。在我看来这个重复讨论不仅没有必要,而且具有误导性。举个例子,甲在乙的书房发现一本珍贵的绝版书,书中还夹着价值1万元的邮票。甲想要这本书,也想要这本书中的邮票,便对乙说想借这本书。乙不知道书中夹有邮票,便同意了。甲拿走书后一去不复返。按照质量区分说,按照张明楷老师的观点,甲占有这本书属于诈骗,占有邮票属于盗窃。但是由于甲只实施了一个行为，不得不认为甲构成诈骗和盗窃的想象竞合。可是张明楷老师又明确诈骗和盗窃是互斥关系，不可能构成想象竞合。所以这个问题如果按照张明楷老师的观点来说，解释起来就会有点难度。

第三，关于新型支付方式对财产处分意识会有什么影响。我前面的讨论没有提到新型支付方式，不过有些学者在讨论这个问题时特别强调了新型支付方式，所以新型支付方式可能会对财产处分意识问题的讨论产生一定的影响。分析以后，我觉得有三点影响。首先，如果坚持财产性利益不能成为盗窃罪的犯罪对象，新型支付方式确实可能会影响财产损益是否必要的判断。但是如果认为财产性利益可以成为盗窃罪的犯罪对象，那么被害人是否采用了新型的支付方式，不会影响财产处分意识是否必要的判断。其次，新型支付方式会改变被害人是否实施了财产处分行为与被害人的行为是否引起了占有转移的效果之间的关系。这一点我在前面说了，不再重复。最后，在肯定了财产处分意识的必要说之后，再讨论财产处分意识需要达到何种程度的时候，新型支付方式会对某些观点，主要是指前面提出的质量区分说，提出挑战。总之，在支持财产性利益可以成为盗窃罪犯罪对象这一立场的前提下，被害人是否采用了新型支付方式，并不会对财产处分意识是否必要，以及需要达到何种程度的判断产生实质性的影响。这是我的一个结论。

最后，我对臧进泉等盗窃诈骗案作了一个分析。根据我所支持的处分意识必要说和极端缓和说的观点，鉴于被害人点击虚假链接在客观上引起了占有转移的效果，并且主观上具有财产处分意识，应当认为这个行为属于财产处分行为。但这里讨论被害人实施的行为是不是财产处分行为，其实是作为欺骗效果的财产处分行为，归根到底是为了讨论行为人是否包含了作为欺骗内容的财产处分行为。我认为这两个问题的答案都是肯定的，所以针对所谓盗窃事实这一部分的案情，行为人也应当构成诈骗罪，而不应当是盗窃罪。

主持人：柏浪涛

非常感谢邹老师的精彩发言！邹老师主要是以处分行为为重点提出了一套分析理论，然后得出结论，他认为该行为构成诈骗罪。接下来复旦大学法学院的袁国何老师，主要谈的是诈骗罪中的处分意识，他给出的又是相反的结论，非常期待他的精彩发言！

报告人：袁国何

论诈骗罪中的处分意识

我的文章为分三个部分：首先，为什么会想到这个问题；其次，主观意识是否必要；最后，处分意识如何判断。

（一）问题意识

为什么会想到这个问题？因为第 27 号指导案例是最高人民法院发布的唯一与盗窃罪相关的指导性案例，这个案件发布后在学界引起了很多争论，并不是所有学者都认同盗窃罪的定性，比如邹兵建老师就不赞同。在臧进泉案中涉及层次不同的问题。首先是利益盗窃是否能成立盗窃罪。这个问题看起来很简单，实际上很难回答,对这个问题的不同回答可能会影响到后续对所有问题的判断。如果认定盗窃罪可以针对利益进行盗窃,处分意识必要性更容易证成。如果否定这一点,处分意识必要性尤其是在财产性利益的诈骗中,可能倾向于得出否定的结论。

我在分析中认为第一个问题对后续问题都有影响。第二个问题是处分意识是否必要。这是诈骗罪本来必须回答的问题,即便不涉及利益问题也同样如此。它也是指导案例中想要触及的问题。第三个问题是处分意识如何判断。最高人民法院认为处分意识是必要的,但是并没有详细说如何判断。因此导致臧进泉案的判决理由遭到很多人批评,按照这个结论我们可能得出相反的回答,即这是一个诈骗罪而非盗窃罪。我认为这三个问题层层递进。由于第一个问题太过艰深,难以在短小的篇幅内回答,所以我对第一个问题不作详尽的分析。即便认为利益盗窃无法成立盗窃罪,对于诈骗罪处分意识的判断仍可以独立进行。因为很难说一个犯罪不构成盗窃就构成诈骗。诈骗和盗窃是互斥关系,但是我们从来没有说它们是互补的。一个盗窃行为无法构成盗窃,也很难直接得出其构成诈骗的结论。

(二) 处分意识的必要性

处分意识必要性的证成问题,我基本赞成邹兵建老师刚刚讲的很多想法。我想讲为什么会有处分意识不必要的想法。这样的想法是因为在学者看来处分意识的必要性、主观意识的具备只是一种事实。在规范的要求上我们并没有说,很大程度上是因为我们并没有将处分行为规定为诈骗罪成文的构成要件要素,更没有对处分行为下面的处分意识效果问题作出立法上的回答，因此会产生多种争论。近年来越来越多的学者赞成处分意识不要说，但处分意识不要说的证明很大程度上受到新型诈骗罪的影响。比如在机票款案件中，我告诉你说我没有收到你的钱，你去取款机上输入验证码，我来把机票处理好，其实我让你输入验证码是输到转款的这一项操作中去，你的钱当然转到我这里来了。司法实践中大部分认为这构成诈骗罪。从这样的结论出发，很多学者认为不能认同存在处分意识。那怎么办？只能放弃处分意识。问题是这样的解决方案未必是合理的，因为先前的结论并非不证自明。从这个意义上讲，我们很难说处分意识在新型诈骗中必须被放弃。

处分意识不要说存在以下几个问题。

第一个问题是处分意识不要说没有妥当地区分诈骗罪和盗窃罪。

尽管处分意识不要说总是挑出来一些标准来区分它，但区分的妥当性则是另外一回事。比如说我们都认同盗窃罪中存在直接正犯，也存在间接正犯。间接正犯既可以将第三人作为工具，也可以支配被害人自己。既然可以支配被害人自己，那就意味着"财产的取得，到底是被害人交出去的，还是行为人拿过来的"这一点并不重要。同样，在诈骗罪中，我们认为处分行为可以通过不作为完成。比如说，当我看到行为人拿着我的财物，我认知到但我不加干预，这其实就是处分，这时候我在身体上并没有任何动作。既然诈骗罪中的处分行为既可以是作为，也可以是不作为；盗窃罪中既可以是直接正犯，也可是间接正犯，那就必然涉及如何区分不作为诈骗罪的处分行为和盗窃罪的间接正犯的问题。这样的区分在处分意识不要说的观点下很难进行。这样会使得对诈骗罪和盗窃罪的定性出现偏差。这样的定性偏差由于中国刑法的定性定量的不同的立法模式,以及盗窃罪不同的构成要件的模式,会使得有些罪名定得过重,而有些罪名定得过轻。处分意识不要说还存在的问题是"如果是行为人拿过来的就是盗窃,如果是被害人给我的就是诈骗"。这样简单粗暴的区分方式会受到一定的质疑。尤其是区分财产犯罪中针对整体财产的犯罪和针对个别财产的犯罪时,我们通常认为设立盗窃罪是针对个别财产所有权的保护,而设立诈骗罪是针对整体财产的保护。在这样的视角下,在盗窃罪中不会扣除行为人给我的财产,但在诈骗罪中会去做这样的事情。如果我作为被害人,无意识地将财物交给了别人,按照单纯看"是谁给的"的标准,本案肯定成立诈骗罪,可是如果行为人同时给了我相应的对价,本案就无法构成诈骗罪,但这时也无法构成盗窃罪,因为按照刚刚的标准,就是看是谁拿的。按照这样的标准可能就无法对行为进行定罪,进而可能涉及无法对权利人财产所有权进行周延保护的问题。

第二个问题是处分意识不要说在否定处分意识必要性的同时,又承认原占有人的同意排除盗窃罪的构成要件,详尽地说,是排除了盗窃罪中行为人打破占有的行为。

既然认为作为盗窃罪中打破占有的同意是存在的,这个同意势必是主观的,它不可能是纯粹客观的。在刚才的同意中,尤其是作为构成要件排除的同意中,行为人的内心意思是最重要的,甚至你不用表示,在强奸罪中会涉及这样的问题。当我们讲到内心意思起到重要作用时,这个"内心的意思"不就是我同意你把东西拿过去吗?这不就是我们在诈骗罪中所讲的处分意识吗?处分意识其实就是盗窃罪中被害人同意的一种表现形式而已。在这个意义上讲,当我们承认盗窃罪中作为排除事由的占有人的同意时,我们势必要承认诈骗罪中处分意识的必要性。

第三个问题是处分意识不要说的具体论证存在偏差。

比如在机票款案中,很多人认为它有问题,因为他们认为该案构成诈骗罪。可是正如前述,这点并非不证自明,并非大家对该案构成诈骗罪的印象就能决定结论的走向。有些学者认为,当我欺骗你让你处分财物时是诈骗,我欺骗你让你甚至没有意识到你在处分财物时,这种更恶劣的诈骗、更有效的诈骗反倒不构成诈骗了,比如日本的西田老师就是这样讲的。但问题在于,当我们这样讲时,我们只是说它有处罚的必要性,甚至更重的处罚的必要性,而未必说本案应当以诈骗罪论处。在中国刑法中,以盗窃罪论处更可能体现对这种更恶劣的欺骗方式或者取财方式的处罚。

在处分意识必要说的证成中,我简单回顾了一下关于处分意识为什么会存在。处分意识讲的其实是被害人对自我财产权的自我行使。这种自我行使,作为自我决定权的一种表现方式,是基于自我意愿进行的自主选择,其方式是在财产的不同命运中进行选择。财产具有使用价值、价值和交换价值。当我想要将它作为自我之物利用时,其实是在利用其使用价值;当我交出去想要换取其他财物时,是在兑现其交换价值。处分意识其实就是在讲,如何将使用物的使用价值过渡到使用物的交换价值。当我有这样的意思的时候，才能说我行使了决定权。如果没有这样的意思，就很难说我自己行使了财产权利。从这个意义上讲，处分意识是必要的，而不是不必要的。这是我对处分意识的一个简短概括。

(三) 处分意识的内容判别

在指导性案例中，对处分意识的必要性相对肯定，但对处分意识如何判别的问题则说得相当模糊。比如裁判中说，我对处分一块钱是自愿的，但是对处分三十多万元是没有处分意识的。问题是处分意识是可分的吗？处分意识在何种情况下可以分开，何种情况下应当作为整体判断？还是说处分意识因为财产性利益和财物利益有所不同就有所不同？

需要明晰的是，处分意识到底是什么？需要结合处分行为判断。处分行为是连接被害人错误认识和被害人财物损失之间的一个关节。处分行为一定是减损财产，这是诈骗罪的特性所决定的。因此，可以说处分行为的处分意识就是自己的行为直接导致某个个别财产的利益丧失这样一种认知和认同。为什么说是个别财产呢？因为财产损失的判断是独立的一个阶层，它不是放到处分意识中去判断的。我把东西交给你的处分意识在非诈骗、有效的合意中也是存在的。因此在交付、转移占有中，其实只是对减损个别财产的认识。基于这一点我们大概可以知道处分意识要认知到什么。第一，要认知到是我的财物，是我占有的财物。只有认识到这一点，才能继而得出我在处分的是"我的财物"。第二，当我在处分财物时，我知道处分财物后会给我带来何种财产性的影响，主要表现为对财物管控的丧失。第三，当我在进行处分时，我必须知道我究竟处分了什么样的对象，处分的究竟是手机还是电脑，或者是别的东西。从这个意义上讲，处分对象的具体性也需要认知。

首先，处分的占有规矩问题。

占有规矩相对比较简单。比如我们都熟悉的德国收银台案件。有人在自选超市买东西，他先把一堆东西放到购物车下面，然后再拿一张报纸铺到上面，将其他东西放到报纸上面。结账时他只把报纸上面的东西拿去结账，报纸下面的东西没有结账。当收银员同意他将推车推出收银区时，看似存在被害人对报纸下面的财物的处分，但其实不存在。因为被害人根本没有认知到这部分东西是自己的，所以他根本没有把自己之物让与出去的意识。同样，在其他案件中，我们可能会遇到，比如楼下有人在搬钢琴，我看到他在搬钢琴，我甚至上去帮了他一把。客观上来说我看上去有处分行为，但当我没有认识到这架钢琴是自己的时，我就没有把自己的财物交付出去的意思，这点相对较明确。

其次，财产处分利益的认知问题。

只有当我认知到我把东西交付出去会产生什么后果时，才可以说我有财产处分的意识。这一点对占有的转移、占有的迟缓的判断来说比较重要。比如，我把手机借给别人使用，我站在旁边看着他，他拿着我的手机趁我不备跑掉了。在这种情况下我们认为构成盗窃罪。可是我们想一下，是我把手机交给他的，为什么还是构成盗窃罪？原因在于，当我把手机交给他时，我知道这是我占有的财物，我没有想到要把财物的占有转移给他，我只是想把自己的占有控制得没有那么严密而已。在这个意义上，我们必须对财产交付的意义有准确的认知。因此机票款案存在问题，行为人在实施转账行为时，他知道账户里面有自己的钱款，可是他不知道自己输入的几个数字会使自己的钱款转到他人账户中，因此处分意识在这里应当被否定。

再次，处分对象问题。这个问题最为复杂，也是该案件中最为核心的问题。

第一点是对处分意识的判断。存在严格处分意识说和宽和的处分意识说。在宽和的处分意识说中，以张明楷老师为代表，他说对于财物的种类、性质需要认知，但对于财物的价值和数量不需要认知。在我看来，对于种类和性质的区分可能没有必要，但另外几个区分可能有必要。我的结论是，对于财产单纯的价值认知偏差是不会影响处分意识的成立的。比如当我把钢笔交给你时，即便我认为这支钢笔只值20元，其实它值2 000元，对于我把这支钢笔交给你的这个事实不会有影响，认知偏差仅仅存在于价值部分，而我们在转移占有的认知中，其实不涉及对财物的价值的认知，但存在疑问的是，我把一支钢笔放到包装中而不是直接交给你，是通过一定的媒介交给你。这时候其实是有问题的。你告诉我这支钢笔是20元，因为包装上写着20元，其实你把一支价值2 000元的钢笔放进来。这样的行为之所以会产生处分意识必要与否的争论，在于我交付给你的不是原原本本的钢笔，我存在着对于钢笔本来属性具体认知的偏差。我对直接交付的财物对象没有认知偏差。

第二点是对数量的判断。我认为应当根据一般的交往规范判断，不是所有的数量都要紧，也不是所有的数量都不要紧。比如换照相机案，我把一部照相机放到方便面的包装中，把另一部照相机放到照相机的盒子中，把两个照相机一起交给你，让你以为两个是一个。以及在鱼箱案中谈到的，我把一箱鱼卖给你，但你在结账时偷偷从别的鱼箱中拿走几条鱼，放进自己要买的那一箱中。这类案件其实不能得出统一的结论，应当依据交往的一般规范来判断被害人在交付时到底注重什么。在财产转移时，我可以有错误认识，但是处分意识应当是真实的。只有当处分意识本身是真实的时候，才有自我决定权的行使。在以"个"交付财物时，人们高度关注数量，这时数量是必备的。在例外情形下，在按照一斤斤、一车车来卖时，不会高度关注数量本身，关注价值的方式是通过关注重量或者其他因素实现的。这时候处分人等人不关注数量，所以处分意识中间不要求数量。因此在鱼箱案中，我们可以说数量的认知偏差不影响处分意识，但原则上在其他情形中都不应当得出这样的结论。

第三点是对种类的判断。种类问题和数量问题差不多，原则上种类都应当被认知，因为只有当我们明确认识到"是什么"，才有把这个东西给你的意思。这时候，包装物和非包装物就特别重要。

最后，财产性利益问题。

在臧进泉案这样的债权诈骗案中，债权诈骗的数量和价值是高度关联的。我们没有认识到数量会影响到价值，没有认识到价值本来也是基于数量的问题。我们想一下，一个人在转钱给你的时候，他关注自己到底转了多少吗？原则上我们都是高度关注的。只有在类似于父母子女的特别情形时,才可能说我把一张卡给你,里面的钱你想取多少就取多少,在这样的情况下我们才可能说具体的处分意识是不必要的。

二、评论

主持人:柏浪涛

非常感谢袁老师的精彩发言,他对处分意识进行了非常详细的说理。接下来进入评论阶段。第一位是安徽大学法学院的储陈城老师。

评论人:储陈城

这一问题的争议其实非常激烈,所以我自己也诚惶诚恐。我作为评论人想要说三点:第一,精要;第二,商榷;第三,一点建议。

第一,兵建是功底非常深厚的青年学者,我也读过他很多文章。不只是对于诈骗罪的处分行为、处分意识这样的问题,他很关注司法实践;在其他论文中,包括他对于因果关系的论述同样如此。作为优秀青年学者,将刑法和实践结合在一起是非常重要的素养。就像罗克辛教授所说,刑法本身要求它十分精密,不精密的刑法学科不可想象。

兵建的论述非常精要。这篇论文一个重要观点是被害人的处分行为对于行为人已经实施了的行为到底能否起到定性的作用，并以此展开相关的论述。通过对行为说、结果说的理论推演，可能得出与我们日常不同的结论。最终得出一个新的结论：把实行行为的定性完全交给实行行为人，把处分行为作了划分，通过欺骗内容来界定、划分日常所说的欺骗、欺诈到底是不是诈骗罪中的实行行为，以此实现了行为的定性和行为主体的一致性。

但是第二，我对此有疑问。对诈骗罪作这样的理解，真的会得出不一样的结论吗？如果对诈骗罪的实行行为进行定义，从纯粹客观的角度，定义为使得对方陷入错误的行为并基于错误作出财产行为或者进行财产处分的具体危险性层面，我认为可能不需要对处分行为进行区分。但问题是处分行为又该如何判断？对于处分行为的客观判断很多，可能需要通过该处分行为是否使被害人对于财物或者财产性利益失去了事实上的支配这一标准来判断。根据这样的结构组合，我们日常所理解的欺诈行为到底能不能理解为诈骗罪中的实行行为？只要认为，从客观上看欺诈行为使对方陷入错误并且基于这个错误作出了使得自己对财物或者财产性利益失去事实上占有的危险性的行为，就可以认为是实行行为。比如，谎称被害人的孩子遭遇车祸，使被害人离开自己的房屋，这样的行为并没有使被害人作出处分财产的具体危险性。即便谎称孩子出了车祸，将财物交给行为人的机会也是不存在的。换言之，行为人的欺骗行为不具有让受害人事实上失去对财物支配的具体危险性。因此，在本案中，行为人的欺诈行为不被认为是诈骗罪的实行行为。相反，如果对西装案进行改编（西装案是在日本广岛发生的一起案件），行为人谎称想把衣服带回去给家人看，但是没有带钱，所以把身份证押在柜台，后来店员发现身份证是假的。在该案中，这个欺诈行为实际上使被害人作出了让自己的财产失去事实占有的危险性，所以我认为这个欺诈行为可以理解为诈骗罪的实行行为。这样我就可以推导出一个结论：即便按照传统的理论推演，决定诈骗罪的实行行为性的仍然只是行为人自身。那么，反倒是按照兵建的这篇论文，脱离不开由被害人的处分行为决定行为人的实行行为，因为论文中提到，作为欺骗内容的财产处分行为是一种主观上的内容，而作为处分效果的财产处分行为是客观内容，因为主观内容不容易把握，所以只能通过客观内容，即作为处分效果的财产处分行为来反推作为欺骗内容的财产处分行为，反倒又陷入了被害人的处分行为影响行为人的实行行为这样的阴霾，这是我对这篇论文提出的简单商榷。

第三，一个建议。关于兵建论文中处分意识的内容，我想提出简单的介绍。

回到日本法的语境下，日本对于处分意识的必要说和不要说的争论是如何进行的？在日本，处分意识的必要说和不要说的对立，按照目前的通说观点是以必要说为主，但是为什么会出现不要说呢？不要说的主要原因是必要说会导致日本司法在处罚财产犯罪时出现处罚的空隙。比如陈老师经常在他的书中提到的日本典型的无钱食宿案，在退房时才缴纳住宿费的宾馆里，行为人在退房的两个小时前说要出去散步，然后逃离，没有缴纳房费。因为店主没有作出任何不收或者暂缓收取住宿费的意思表示，这种情况和行为人退房前先去取钱，再回来交住宿费的情况是不一样的。在这种情况下，店主实质上有暂时不收取住宿费的意思表示。该案中，店主没有作出任何的意思表示，如此不能认为构成诈骗罪，因为被害人没有任何处分行为。但是在日本，财产性利益又不可能作为盗窃罪的犯罪对象。因为有处分意识的限制，使得财产侵害的事实落入无法得以惩处的尴尬境地。所以处分意识不要说被提了出来，处分意识不要说可以将上述案件作为诈骗罪来处理。

但处分意识不要说存在一个问题：判断标准比较模糊。它的主要判断标准是直接性要件，换句话说，基于受骗人的行为转移财产是诈骗罪的本质，以此成立诈骗罪，被欺骗者的处分行为、财产的转移是行为的直接结果。这个直接性的判断，在车票案中存在争议。行为人从大阪回到东京，只购买了从大阪到京都以及从横滨到东京的车票，没有购买从京都到横滨的车票。但是他在大阪车站进站时出示了从大阪到京都的车票，所以他得以进站，出站的时候出示了从横滨到东京的车票，因此他得以出站，应当如何界定中间路程的利益损失？行为人是否能够构成诈骗罪？同样持着处分意识不要说的大谷实教授和平野龙一教授提出了这样的争议，争议的主要点是对于直接性要件的判断会存在不确定性，按照大谷实教授的观点，行为人欺骗大阪车站的入站检票人员就相当于拿了一张假的车票，直接导致没有购买车票的中间车段的利益受到了损失；但平野龙一教授说，并不是因为入站检票人员让行为人进站就受到了损失，而是中间介入了其他的行为——行为人根本不下车、持续坐车的行为，因此不具有直接性。直接性与否的判断存在疑问。这是日本法下处分意识必要说和不要说的争议，以及处分意识不要说内在的缺陷。

主持人：柏浪涛

感谢储陈城老师精彩的评论，他讲到了日本的车票案，其实在杭州也有这样的案件，从杭州买目的地为绍兴的车票，但坐到了宁波。这个案件也是非常典型的，和我们今天的主题有关，下面有请西南政法大学的姚万勤老师进行精彩的评论。

评论人：姚万勤

在袁国何博士的论文中，我们可以看到大量深入的论证以及扎实的研究功底，将问题阐述得很清晰。

袁国何博士的发言从最高人民法院第27号指导案例——就是我们通常讲的臧进泉等盗窃、诈骗案切入，在理论实践中具有较大的价值。但是司法实践中我们对这个问题依然没有处理好，争议还是非常大的。比如在中国裁判文书网上检索会发现，对于类似的案件，法院判盗窃的、判诈骗的都有。以这个命题来论述的话，能否解决实践中的问题，是很值得关注的。

对袁博士的论文，我大致概括出几个行文特色：第一，他指出了对第27号指导案例的思考的问题点；第二，他通过演绎推论的手段指出处分意识不要说的缺陷，并表明自己支持处分意识必要说且讲明了优势；第三，也就是论文核心部分，在处分意识的判断上，我将之概括为"相对说"。袁国何博士认为处分意识是相对于客观行为而言的，只要权利人明确认识到自己的行为转移了一定财物的占有或其他支配权，只要权利人对财物的本体属性有清晰认知即可，对财物价值属性的认识属于交易动机内容而非处分意识内容，这是其一。其二，应当依据一般交往观念审查权利人转移占有和支配权时所关注的内容，在债权转让情形中，对数额的认识构成了权利人转移债权支配力的必要内容。

立足袁国何博士的思路我想谈三点内容：

第一，处分行为是否具有明确的界分功能，这个关系到我们对后面问题的回答。

司法实践中认定诈骗罪需要有一个特定的行为模式，即"行为人实施了诈骗行为——对方基于认识错误而处分了财物——行为人获得了财物——被害人遭受了财产损失"。这些取得了共识，但是，处分行为成为区分诈骗罪与盗窃罪的重要标志，从目前来看这是比较突出的观点。

无论是日本的刑事立法还是我国的刑事立法，对于诈骗罪的构成要件的内容描述相当简洁，属于简明罪状的范畴，并未标示出特定的行为公式。之所以在诈骗罪中强调处分行为是基于理论的概括总结。在理论中，一般认为盗窃罪属于取得（夺取）罪，而诈骗罪属于交付罪，主要是利用被害人的意思表示瑕疵来取得财物，因此我们要特别强调这种交付行为对于区分诈骗和盗窃等不同性质行为的犯罪有一定的重要性。

但是，通过处分行为是否真的能在实践中清楚地区分盗窃与诈骗？例如，行为人甲欺骗乙说，你的儿子在不远处的河堤上被陌生人打伤了，你赶紧过去看看。乙便将手中的手提包（价值1万元）交给甲说："你帮我拿一下，我去教训完那几个兔崽子再回来取。"甲拿到手提包后逃走。现在来看这个案件，经过多年法学思维的培养，大家可能在定性方面能够达成共识，认为构成盗窃罪较为妥当。但是值得深究的是，从行为的外观上来看，乙将手提包交给甲的行为，交付行为是否已经完成？既然存在这种交付行为，为何不能认定为诈骗？所以说，从行为本身来看，没有处分意识的参与很难将这个问题区分清楚。

我引出这个问题的目的，无非就是想表明，处分行为在实质上具有以下特征：其一，并非是成文的构成要件要素，而是刑法理论赋予的判断诈骗罪的一个要件；其二，仅仅通过处分行为并不能理所当然地有效区分诈骗罪与盗窃罪；其三，要想进一步区分盗窃与诈骗，必然借助处分意识。正如文中作者所表明的，处分行为具有降低违法性判断的作用，但是并不是定罪的实质根据。这样第一个问题就解决了。

第二，处分意识必要说是否比处分意识不要说具有天然的优势？

这一点目前争议很大，无论是德国、日本还是我国，都是以处分意识必要说为理论通说的，但是处分意识不要说的有力性已经逐渐展现出来了。大致是由两个原因造成的：

其一，财产存在形态发生变化所致（或者说是对财产处分的手段发生变化所致）。对于传统的盗窃以及诈骗罪的对象——财物，以往讨论的财物形态主要限于有体物与无体物、财物的价值等命题。但是随着新型支付方式（支付宝、微信等）的兴起，这类电子支付方式所要求的"扫码"的行为是否属于处分财物的行为，目前争议很大。所以说，如果认为这种"扫码"的行为属于处分财物的行为，那么此时行为人并未认识到具体处分的财物时又该如何处理？这就是刚才两位报告人讲到的电子支付情境下的财产犯罪认定问题。这些问题目前越来越难以应对。

其二，立法原因所致。域外比如德国、日本，对于"财物"规定得很明确——什么叫财物、什么叫财产性利益。还有一个有体物的问题，电气到底是财产性利益还是财物，还是有体物，争议很大。但是我国对于这个问题的争议不是很大，基本上共识性的立场是我国法律规定的财产犯罪包括财产性利益。如果包括财产性利益，就涉及盗窃罪的财产性利益应该如何评价的问题。这一点目前在我国争议很大，因为在我国，有肯定说和否定说两种学说，张明楷老师支持肯定说，刘明祥老师支持否定说，我本人持否定说。如果把财产性利益和财物的这个财产的对立性展现出来后，用盗窃或诈骗的行为模式来套的话，就会很清楚地发现，如果承认财产性利益可以成为盗窃罪的对象，那么处分意识必要说当然成为首选；如果不承认财产性利益能够成为盗窃罪的对象，那么处分意识必要说就未必有很大的"市场"，如果坚持这个学说的话，就个别主张存在理论脱节，或者不协调，或者不能贯彻到底。

第三，我们再来讨论袁博士的论文，我认为有几个地方值得商榷。

其一，作者将本案中的被害人损失的30.5万元归类为财产性利益是否妥当？因为在刑法理论中，通说认为财产性利益是指财物以外无形的财产上的利益，包括增加积极利益（比如获得债权）以及减少消极利益（比如减少或者被免除债务）。存款虽然不是现金,但我认为是权利人直接占有的财产所有权,而不应当视为债权。如果不认为是债权的话,那么损失的就是直接所有权,为何要讨论盗窃财产性利益这一命题呢?

其二,即使承认了 30.5 万元的财产性利益,盗窃财产性利益是否就构成盗窃罪呢?我认为值得商榷。一是从我国确立的罪刑法定原则来看,不应扩张盗窃罪的对象范围;二是承认财产性利益可以被盗窃,在司法实践中存在一定的难度,财产性利益怎么盗窃?三是通过其他手段仍然可以对这个问题进行有效处断,所以没有必要冒着拓宽罪刑法定原则的风险来处理这个问题。

其三,对于袁博士用相对说的观点来处理处分意识的内容,我本人认为这样的处理是否会带来判断标准的不统一,造成处理案件的繁琐?再者,财产性利益如何明确认识到数额?这些都是需要深入探讨的问题。时间的原因我想表明自己的立场,我支持缓和说的观点,但是论文还在写作中。

主持人:柏浪涛

评论的价值就在于能让报告人将报告打磨得更周全,论证得更充分。接下来有请杭州市下城区人民检察院公益诉讼监察部主任胡宇翔进行评论。

评论人:胡宇翔

我注意到,在我们这个单元,第一篇论文的作者引用了非常多的德国案例,第二篇论文的作者引用了一些日本案例,我个人觉得非常地抱歉，作为实务界没有给理论界提供非常鲜活的案例，应该说是非常遗憾的。但是其实也有鲜活案例，包括刚才第一位发言者提到为了想一个案例想到三点，其实没有那么困难，最高人民法院这几年通过指导性案例的形式将一些具有典型意义的案件向全国发布，但是关于案件的选择，我从实务角度来看是存在天然缺憾的。指导性案例的影响比较大，像本单元讨论的臧进泉案，其实在实务中有更多的小案件没有进入最高人民法院的视野，这就导致理论界在探讨案例时与实务界有时会产生比较大的隔阂。

就我们这个单元来说，我们在处理有盗窃行为也有诈骗行为，通常被叫作"欺盗结合"的案件时，首先会关注行为人实施了怎样的客观性行为，接着再关注被害人是谁。在处理这样的案件时，我个人比较赞同这样一个观点：行为人在获取财物时采取的关键性手段到底是什么，再结合被害人是否有处分意识，这样能使整个案件的脉络比较清晰。

在 2015 年到 2016 年，苹果手机调包案在实务中发生的非常多。我个人认为，在处理这类掉包案时，除刚刚所说的判断方法之外，交易习惯和交易方式也是非常值得关注的。我个人遇到过一些彩票代售点的案子。行为人去购买彩票，有的彩票代售点会允许顾客先把彩票拿走，事后再来付钱，有的行为人会利用店主的信任获得彩票。某些彩票代售点会要求顾客先支付对价再把彩票拿走，在这个过程中，行为人可能会采用一些欺骗性手段。

在我看来，除学者们刚才所提的观点，我们可以在交易习惯上对这些问题进行探讨。

另外，互联网对我们的日常生活的影响越来越多，我们关注到，欺盗结合类案件，从最早的行为人对财物本身进行伪装，慢慢演化成在支付方式上实施犯罪行为。比如在第一单元提到的扫码支付中实施的犯罪行为也是非常值得探讨的。我今天也推荐了一个案例，希望在会后可以给大家提供案例研究。这个案例是网络主播打赏案。网络主播在获取报酬时利用了APP上的漏洞，和行为人相互勾结，通常称之为"薅羊毛"。此案特殊之处在于，一般"薅羊毛"仅仅是利用APP上的漏洞，但此案还有主播和行为人相互勾结的行为。这个案子涉及许多问题，包括刚才有学者提到的虚拟货币能否作为盗窃罪或诈骗罪的侵犯对象的问题，以及研究处分意识和处分行为对这个案件的影响。

我个人对这个案子有一点思考：虚拟性货币可否被认为是一种财产性利益？虚拟货币具有复杂的形态，有的虚拟货币具有比较明确的市场价值，有的仅在APP上具有进行兑换的交换价值。为了简化虚拟货币复杂性的情况，将其认定为财产性利益加以讨论，我想整个论证或许会相对简单一些。

主持人：柏浪涛

非常感谢胡主任的精彩评论。有些法言法语、艰涩的理论不好消化，这就是车浩老师曾经说的，理论的话语如何能让所有人更容易接受，这也是我们的一个工作。接下来进入自由讨论阶段。

三、自由讨论

嘉　宾：劳东燕

Q1：问凌波老师一个问题。如果按照文章现有的思路，定盗窃罪和诈骗罪都不太适合。针对未来这类财产性的数据方面的犯罪，凌波老师有没有什么具体的构想？

报告人：徐凌波

谢谢劳老师的问题。劳老师的评论和刚才蒋太珂老师的评论有一点相关。

第一点，我对财产罪的立法有一个比较极端的观点：现行《刑法》分则第五章财产犯罪采取简单罪状的立法模式，可以容纳所有的解释，但是同时所有的解释似乎也都是无效的，所以我认为这个问题不是解释论上的问题，而是需要从立法上去明确的问题。

第二点，关于我认为与电子支付有关的犯罪行为可能没有办法容纳到原来的盗窃罪、诈骗罪的理论中。对于今后立法，首先要明确盗窃罪的构成要件、行为方式到底是怎样的。我们当然可以选择和德日完全不一样的对构成要件行为的描述，但是在立法中必须要描述，不能空在那里。

第三点，关于电子支付环境，我觉得可以利用的一条是《刑法》第 287 条，现有规定是"利用计算机实施金融诈骗、盗窃"，但是该条文在传统上被认为是利用计算机实施盗窃的提示性规定，最后还是指向第 264 条的盗窃罪。今后可以努力的方向是将第 287 条这个规定上升为独立的构成要件，作为独立于第 264 条的盗窃罪，作为一个单独的类似于计算机盗窃的构成要件。

嘉　宾：邓毅丞

Q2：邹老师文章中论证的案例，认为最终应该构成诈骗罪。如果按照诈骗罪的思路，财产处分的意识模糊化的边界在哪里？怎样去确定这个模糊的边界？

报告人：邹兵建

其实我对于这个案件的看法是有一个转变的。开始我觉得定盗窃罪挺合适的，毕竟只转 1 元钱，被害人在当时的场景可能没有认真对待这个事情。后来看到类似的案件，就是提供淫秽表演，让被害人点链接，也是收 1 元钱。显然在这种情况下，1 元钱提供了相应的对价。所以我在想，即使是 1 元钱，被害人也意识到自己在处分这个钱，就是我之前所说的极端缓和说的观点，只要意识到自己在处分钱，就可以认为其有财产处分意识，可以构成诈骗。反倒是认为 1 元钱不是处分的观点，对于数额的认定，到底需要准确到什么程度，反而是一个问题。如果实际上是 30 万元，但是行为人告诉被害人是 10 万元钱，这种错误有没有财产处分意识呢？我觉得反而可能会有问题。如果按照极端缓和说的观点处理起来就很简单，只要知道自己在处分，就可以认定为具有财产处分意识，就认为可以构成诈骗。

主持人：柏浪涛

Q3：今天上午的讨论，特别是对臧进泉案的讨论，让我有些感慨。在2012年最高人民法院召开的一个小型会议上，张军副院长主持，陈老师就问张军副院长，最高人民法院的指导性案例许多都是对司法解释的重申，在理论研究价值上疑难性不太够，张军副院长说要给我们时间，我们刚开始，实际上我们还在摸索。果然到了2014年，臧进泉案被选入指导性案例。这个案例，我们今天讨论了一个上午，我想问，对于最高人民法院将这个案件作为指导性案例，陈老师满意不满意？或者说对这件事有什么看法？

嘉　宾：陈兴良

指导性案例到底是仅仅具有一种重申司法解释的功能，还是具有创制规则的功能？我个人主张指导性案例应当具有创制规则的功能。最高人民检察院的孙谦副检察长在他的论文中否定指导性案例具有创制规则的功能，当然他讲到是害怕与罪刑法定原则之间产生冲突。但是我认为，指导性案例所创制的规则和法律规则、司法解释规则并不是同等层次上的规则，而是更细致、更具体的一种规则。当然法律是框架式的，解释空间比较大，通过司法解释一定程度上可以使规则具体化，但是具体化程度还不够，在这种情况下，还需要通过指导性案例创制更为具体的规则来加以弥补。我们开始发布的一些指导性案例所确定的主旨和裁判理由，和过去已经颁布的司法解释是重复的，创制规则的功能没有发挥出来。应该说后来有些疑难案例被"两高"选入指导性案例，我觉得臧进泉案是一个比较典型的案例，因为是想通过指导性案例的方式，在区分盗窃与诈骗过程中，确定处分意识的必要性。必须要有处分意识，如果没有处分意识，就不能定诈骗，只能定盗窃——事实上是重申这个观点。这对刑法理论上处分意识必要说和处分意识不要说的争议，产生了很大的影响。在这种情况下，理论如何回应司法解释、指导性案例创制的规则，如何在两者之间形成良性互动关系，有很大的探讨空间。

上午所讨论的问题都非常前沿，引入了大量的德日中的话语，其实我听起来都非常费劲，而且有些问题，像二维码案，到底定盗窃还是定诈骗？它既不是典型的盗窃，又不是典型的诈骗，甚至说它既不是盗窃也不是诈骗，但确实是非法占有了他人财物。在这种情况下，是不是说既然非法占有他人财物，就要想个办法不是定盗窃就是定诈骗。刑法教义学理论就得为这个目标去服务，如何找出理由为其定罪。如果常规方法解决不了，我们就要修正，对盗窃、诈骗的构成要件进行修正，尽量把其容纳进去。这是一种观点。

徐凌波的观点是既不成立盗窃也不符合诈骗，那么是不是通过立法来解决？这确实是值得商榷的问题。我个人觉得这个案件涉及在网络电子支付环境下，支付方式的改变导致传统的诈骗和盗窃的构成要件难以容纳这种情形，在这种情况下理论如何更新、如何发展是个很大的问题。

最后我还想讲一点，今天我们是一个理论探讨，但是来了很多实务人员，我们今天讨论的问题是非常前沿的，有些问题还处于探讨阶段，没有定论，实务人员听起来可能比较费劲，可能更关心理论对于实践有什么指导意义，在辩护中能否采纳等比较功利性的问题。我们强调理论和实践相结合，理论要为实践服务，但是理论与实践相结合的前提是理论与实践相分离，理论应该永远走在实践的前面，走得远一点，走得快一点。要将理论转化为能为实践服务的一些指导规则，这之间还是有一些距离，要尽可能弥补这一距离，尽量让抽象理论探讨转化为能够为司法实践带来指导的、更为具体的理论。

主持人：柏浪涛

非常感谢陈老师的点评，接下来请车浩老师点评。

嘉　宾：车　浩

刚刚陈老师说出了很大一部分我想说的话。一开始的想法可能是举办一个闭门性的会议，可能很多老师提交的论文理论性都比较强，但后来会议形式发生了变化，来自实务界的律师等占了很大一部分。刚刚我在听的时候也在想，可能很多实务工作者会觉得今天"实务论坛"上讲的好多理论听不懂、听不进去，有点犯困。我坐在第一排有的时候都会有这样的感觉。但是我想向各位说的是，今天亮相的这批发言人，除仅有几位由于特殊事情没有到场，应该说代表了国内"80后"学者中最强劲、最精锐的力量，几乎每个人都有留学背景。反过来看，从青年学者表现上讲，也有值得反思的地方：考虑到本次与会的众多实务部门人士,讲的时候有没有想到共鸣与反响?一个实务的话题,讲了这么细的实务案例,在提问环节居然没有对案件的激烈的提问,这本身也会让人感到些许尴尬。想要沟通理论和实务,为何好多时候让人感觉像是在念论文?在这么短的时间内讲一个实务问题,为什么不尽可能地把它简单、清晰地呈现出来,让与会各位进行交流,激发实务人士激烈的回应?而只是简单地在那里宣讲自己的论文?当然,年轻人都有成长的空间,我们需要不断地修正。当然各位的论文质量都很高,这有目共睹,但是论文质量很好和现场交流,特别是和实务人士交流是两回事。现场讲的东西与论文写的东西还是要有不同。关于这一点,期待下午会有一点点变化。

主持人:柏浪涛

第一单元到此结束。

第二单元
论文午餐会

主持人：付玉明（西北政法大学刑事法学院教授）
　　　　李　强（中国社会科学院法学研究所助理研究员）
报告人：马寅翔（华东政法大学刑事法学院副教授）
　　　　邓毅丞（杭州师范大学沈钧儒法学院副教授）
评论人：王　俊（苏州大学王健法学院副教授）
　　　　马春晓（清华大学法学院博士后）

一、报告

主持人：付玉明

感谢车浩教授给我机会以"70后"的身份来参与此次以"80后"为主的学术盛宴。中国的学术文化传统讲究"食不言，寝不语"，但车教授加了一个"论文午餐会"的环节，我猜他是想告诉我们，对于学者来说，精神食粮与物质食粮同样重要，而且可以同时进行。此处的报告人有两位，一位是华东政法大学的马寅翔教授，一位是杭州师范大学的邓毅丞教授。先有请马寅翔教授。

报告人：马寅翔

诈骗罪中的财产处分权

我就不再就我的论文本身的内容进行讲解，而是仅就写这篇论文的问题意识作一个简单的介绍，之后再稍微说一下个人的结论。

随着国家财产逐步去实体化，当今出现大量非法获取他人财产性利益的行为。目前司法实践出现一种极大地扩张盗窃罪适用的倾向，认为只要是行为人通过秘密手段获取他人财富，那么至少可以构成盗窃罪。这种做法可能无视了盗窃罪的行为构造对于盗窃罪的限制性作用，使得盗窃罪在事实上沦为财产犯罪的兜底罪名。

我观察到近来也有个别学者不但没有反思这个现象，反而通过写文章论证这种做法的合理性，我认为这种做法其实是无视了罪刑法定原则对于行为构造明确性的基本要求，可以说是一种严重的倒退。

我之所以选择处分权作为讨论的主题，第一个原因是为了区分间接正犯型的盗窃罪与诈骗罪。在德国，自出现"自助服务商店"以后，盗窃与欺诈之间的界限问题就成了热点问题。经过我的观察，目前的研究将关注重点放在被害人身上，因为盗窃罪属于他损型犯罪，诈骗属于自损型犯罪。但从设立财产犯罪各种罪名的目的来看，我认为之所以要区分各种财产犯罪，最直接的原因是根据行为类型之间的差异，背后的原因可能会考虑到行为所反映出来的行为人的主观恶性或者说人格危险程度的不同。具体到间接正犯的盗窃罪与诈骗罪的行为构造来看,盗窃罪属于侵入型的财产犯罪,处分的是侵入到他人对于财产的支配空间,对空间中的财物进行一些破坏;而诈骗罪有争论,有的认为属于交流沟通型,有的认为是利用型,而我认为这两方面可能都有,至少可以认为是一种互动型的财产犯罪。行为人通过欺诈手段使被骗人产生认识错误,从而自主地将财产交出其支配领域。这比主动侵入型的盗窃罪显然更加强烈地显示出行为人的危险人格,在入罪门槛上,就可以理解为什么盗窃罪在数额要求上低于诈骗罪的数额要求。这是我选择以处分权作为研究的原因之一。

第二个原因是,学界在理解处分权时,存在一种我认为不太妥当的倾向,即将诈骗罪意义上的财产处分完全等同于民法意义上所有权四大行为之一的处分权。我认为这种做法可能出现刑法与民法在处分权含义理解上的混同。刑法领域之所以讨论处分,出发点是为了区分间接正犯型的盗窃罪与诈骗罪。被骗人对财产是否存在民法意义上的处分权能,对于判断行为人行为在刑法意义上是否构成诈骗罪(或者说行为意义是否属于刑法上的处分权)没有直接的相关性。比如在诈骗犯罪分子所盗窃的赃物并且赃物不是现金的情况下,通说认为犯罪分子对于这些赃物不具备民法意义上的占有,也就不存在民法意义上的处分权,但并不妨碍在刑法上将此类行为认定为诈骗罪。通过欺诈方式去骗取盗窃分子手中所占有的财物,依然可以构成诈骗罪,而非盗窃罪。

从研究动机来看,我认为在研究过程中应正视中国刑法的立法独特性。比如说德国盗窃对象仅包括实体财物,仅指的是物质实体的物,因此德国学者在讨论间接正犯型的盗窃罪与诈骗罪的区分时，只需要围绕实体财物展开讨论即可；而对于利用计算机网络，就像我们今天讨论的二维码案，德国专门设立了一个计算机诈骗罪，在德国可以完全以这个罪名来对其进行定罪处罚。但是对于我国而言：第一，刑法没有计算机诈骗罪的规定；第二，我们国家在规定诈骗罪时采取简单罪状，虽然简单罪状便于阅读，但是在进行具体的教义学解释时会面临很大的问题，就是不同学者根据自己的理解会得出完全相反的结论，因此对于简单罪状，可能在一定程度上就违背了罪刑法定原则所要求的确定性，从而间接导致了现在学界对于二维码案产生一些争论的局面；第三，对于利用计算机实施取财的行为如何定性，《刑法》第287条专门对此作了提示性规定。其中包括有盗窃罪，以此为前提，可能考虑到由于利用计算机实施盗窃罪的犯罪对象最为主要的还是财产性利益，如果是在这种情况下，就导致财产性利益也可以成为我们国家盗窃的行为对象。现在越来越多的学者对此表示了认同，虽然今天上午的报告中有几位老师不同意这样的观点，但是这不妨碍这种观点成为一种越来越强势的主张。

从学术研究的自主性角度来说，在讨论盗窃罪与诈骗罪的时候，像德国刑法学者所做的那样，针对实体物讨论间接正犯型的盗窃罪与诈骗罪的区分，除此之外还要针对财产性利益再去讨论盗窃罪与诈骗罪之间该如何区分。在这种情况下，我们无法学习德国和日本的做法，而是需要完全以我们国家的刑法规定为前提进行一个比较自主性的教义学研究。

在我的论文中，我对德国现在区分盗窃罪和诈骗罪的一些标准进行了简要的陈述，但是时间关系，我也不再展开。我想直接提出的一点是，在德国之所以会提出这么多标准，主要还是为了解决归属性的问题，就是以何种理由把被骗人作出的财产处分导致财产损失的这一结果归属给被害人，通俗来说就是为何要将被骗人犯的错这个"锅"让被害人"背"。这就是几大理论所要解决的归属问题。财产处分权，根据刚刚的分析可以得出，只是适用于三角诈骗这一类型，当被骗人与被害人是同一人时根本无需讨论处分结果的归属问题。

我在结论上赞成的是一个非主流的观点：密切关系理论，当然支持这个密切关系理论也不是我的独创，在德国金德霍伊泽尔教授他也持密切关系理论的主张。我认为就财物而言，密切关系表现为受骗者对财物存在控制支配关系，即是不是存在刑法意义上的占有，如果被骗人对财物存在占有，则行为人获得财物的行为就不存在对财物占有的破坏，充其量仅有可能构成诈骗罪；反过来，如果被骗人对于财物没有占有，则有可能构成盗窃罪。这是就实体财物而言的。

就财产性利益而言，密切关系表现为受骗者与被害人之间存在一种法律上的权利义务关系，虽然这种权利义务关系的表述可能和权限理论存在非常类似的情形，但是我认为它不同于权限理论的一个非常重要的点在于它可以将义务而非仅仅是权利也包含在里面，从而更好地解决实践中的难题。我在论文中也提到了一个实践中的难题，由于时间关系，我不再展开，如果大家感兴趣的话，可以去翻一下论文。

最后，我想做一个简单的总结，在我国随着电子支付手段逐步的扩张适用，在实践中出现越来越多的利用网络实施侵财行为。在这种情况下，由于我国刑法的规定与德国和日本相关的规定有着非常大的区别，如何从教义学的角度对这些理论中出现的实践难题在理论上跟进，也变成了摆在刑法学者面前的一个重要理论任务，我想这也是今天组织实务论坛的主要原因之一。因此我在这里呼吁青年刑法学者能够更加关注发生在实务中的针对财产性利益的新型财产犯罪，把我们国家关于财产犯罪的理论研究进一步向前推动。

我的论文存在很多的不足，之后王俊博士将会对我的论文进行一个全面的评价。这里我要说明一下，对于他的很多批评我其实是持一种不太认可的态度，希望在会后再进行交流。

主持人：付玉明

马寅翔从国际法理论中得到一些启发，这种分析方法角度很新颖，能够引起我们反思。现在有请邓毅丞老师。

报告人： 邓毅丞

财产性利益的刑法保护范围
——以诈骗罪的认定为中心

我对这个问题的思考是基于某些经常困扰理论界的实务上的问题，我大致罗列了以下五个类型的案例。

第一个类型的案例，甲通过伪造机动车号牌的手段拖偿路桥费。路桥费通常是没有有形的东西存在的，我们一般把它称为"财产性利益"，这个财产性利益值不值得刑法保护，应该怎么保护，会有疑问。在实务当中，这类刑法案件一般都会被认定为诈骗罪。

第二个类型的案例，甲通过欺骗的手段，使他拖欠乙的债务被免除，如经常被提到的"无钱食宿案"。甲住了店，吃了饭，明明没给钱，他对服务员说："我给了钱。"在这种情况下，服务员免除了他的债务。我朋友有过类似的经历。有个朋友曾经把钱借给了别人，因为他和借钱的人关系特别好，过了很长时间之后朋友想起来这笔钱再跟那人讨还，那个人说已经还了，我的朋友就相信了，但其实那人并没有还。这就是第二个类型的案例。

第三个类型的案例，甲以逃票为目的买了一站的火车票，乘车过了十个站之后偷偷地溜走。这样一个案例又分几种情况。有一种情况是，这个人拿着一站的火车票给车站的工作人员看，说："这是我的票，我要出站。"另外一种情况，他完全不出示车票，趁着人群混乱挤出站。这两种情况是不一样的。第一种情况其实是第二个类型，就是通过欺骗乘务人员，使得乘务人员免除了他支付车费的债务。但第二种情况可能会涉及另外一个问题：这个人拿着一站的火车票进站的时候是不是骗取了火车运营方提供的劳务呢？这个劳务是不是可以被认为是财产性利益呢？

第四个类型的案例，乙不小心把甲的花瓶打碎了，甲对乙谎称："我的花瓶值一百万元，你给我写欠条。"乙信以为真，写了欠条。这个时候能不能说乙被骗走了一百万元？也就是说，在钱还没真正给付的情况下，算不算被骗走了一百万元？

第五个类型的案例，甲通过欺骗手段换取乙的游戏装备，这在实务当中经常发生。通过网络沟通，把其他人的游戏装备骗到手,这种情况下游戏装备能不能成为刑法保护的财物,或者说诈骗罪保护的财物?

这些关于财产性利益问题的解决,直接关系到对于案件处理的结论,当然这不仅涉及诈骗罪,还会涉及其他犯罪。问题是目前来讲,利益欺诈的案件类型是最受关注的,而盗窃利益的案件类型,相对来讲还有很大的争议。因此我以诈骗罪作为讨论的重点,也就是说,我讨论的主要是利益欺诈的行为类型。

关于这个问题我会分成四个部分:第一部分对狭义的财物和财产性利益进行区分;第二部分论证财产性利益可以成为诈骗罪的对象;第三部分进一步讨论财产性利益在刑法中的保护界限;第四部分详细讨论界限里面的具体标准应该怎样具体认定。

(一)财产性利益和狭义财物的区分

这个问题现在已基本形成共识。其主要的争议点就是,财物是不是必须是有体物,狭义财物是不是需要具有有体性的特征。在国外的立法中,财物往往会被界定为有体物。在我们国家,财物曾经被作为有体物来处理,但是近年来我发现很多学者的想法开始慢慢地发生转变,把狭义财物脱离了有体物的考虑,这样的话财产性利益和狭义财物间区分的标准就会发生变化。我目前的观点是,狭义财物不应该界定为有体物。为什么呢?

第一,有体物的界定标准,或者说有体性说,很重要的一个理论根据是从民法中"物"的概念引申出来的,很多日本资料都是先讨论民法是怎么讲的,我们要保证一致性所以要把财物界定为有体物。但是我要指出的是,民法和刑法有不同的规范目的，民法区分物和权益，它有它自己的理论体系，因为作为物，上面都有物权，其他还有债权，它们实现的路径是不一样的。而刑法中区分财物和财产性利益，目的是针对这一个行为，这个犯罪的行为构造，尤其是取得这一行为构造的内容，来进行区分。我记得马寅翔教授说过，盗窃狭义财物和侵犯财产性利益两者的行为构造是不一样的，一个是占有的转移，另一个是僭权；目的也不一样。所以说没有必要因为民法将其界定为有体物，刑法就要将其界定为有体物。

第二，很重要的是，我看了一些民法学者的观点，部分民法学者好像也开始破除对物的范围的限制，例如王泽鉴教授他明确地说，物是可以包括自然力的。因此我想的是，民法都开始发生改变了，刑法没有必要把物限定得那么狭窄。我目前的观点是将狭义财物界定为有管理可能性的对象。这个管理可能性不是指泛泛而谈的事物上的管理可能性，而是指物理上、物质上的管理可能性。因为我们的世界是客观的物质世界，物质如果能进入人类管理的范围，将它作为狭义财物来理解，相对来讲会更加妥当。而且从行为构造上来讲，具有物质的、物理上的管理可能性的对象，在占有转移的行为构造上面，判断起来会特别清晰。比如电力，虽然说它是无形的物质，但电力的转移是可以通过可视化的观察发现轨迹的。因此我认为对狭义财物的界定应该是具有管理可能性的对象，而财产性利益是不具有管理可能性但具有一定价值的利益。

(二) 财产性利益可否成为诈骗罪的对象

财产性利益究竟应不应该被解释为诈骗罪当中的"财物"

呢？我目前赞同肯定说，主要有三个理由。第一，财产性利益与现代财产的观念非常地贴近。第二，财产性利益在实际中太有保护的必要性了，比如存款、债务的免除、虚拟财产，这些利益如果不被保护的话，司法实践中很多案例就得不到处理，公民的权利也得不到保障，所以我认为具有保护的必要。第三，也是最重要的是，把财产性利益解释为财物，究竟有没有违背罪刑法定原则？我目前的见解是，没有。如果从文意解释来看，财物的文意是具有财产价值的物，这样理解当然是把财产性利益排除在财物的范围以外。但我认为这个对于财物的理解可以进行扩张解释，可以把它理解为既包括财产性利益，也包括物。也就是说，财物的概念可以进行扩充，而且这个扩充没有超出财物本身文意的边界。这主要基于如下理由：第一，我国刑法和德日刑法采取不同的立法模式，德日刑法明确将财物作为保护对象，侵犯财产性利益的行为是另外规定罪名的，因此这样一种立法模式，很容易认为财产性利益和财物是不能兼容的，但是我们国家没有这样做。第二，刑法当中，财产和财物的概念其实也没有分得特别清楚。第三，财产性利益也可以是被追缴和没收的内容，例如甲通过欺诈手段为乙的房屋设定了抵押权，设定了抵押权之后，乙的权利就受到了损失。如果案件被认定为诈骗罪，就可以撤销乙的抵押，我觉得撤销抵押就相当于追缴和没收。第四，财物完全可以进行扩大解释，只要它不超过文意的射程，就应该顺应这个时代的发展，对它的含义进行一定的扩张。这是我认为诈骗罪的财物应该包括财产性利益的所有理由。

（三）财产性利益在刑法中的保护界限

财产性利益是否能够成为诈骗罪的对象和哪些财产性利益能够成为诈骗罪的对象是两个问题，所以接下来我要讨论的是财产性利益刑法保护的界限。关于这个问题我首先反思了张明楷教授关于这个问题的四标准说：第一个标准是财产性利益的内容必须是财产权本身，第二个标准是财产性利益必须是可以管理的，第三个标准是财产性利益的损失和取得应当具有同时性，第四个标准是财产性利益应当具有经济价值。对于这四个标准，我基本上是赞同的。问题是这四个标准当中的内容，我觉得有些其实是重合的。财产性利益的内容是财产权本身和财产性利益的经济性其实是一体的，很难分开。另外我觉得，管理可能性的标准和财产性利益取得和损失的同时性标准也是一体的。为什么呢？因为我比较赞同目前的一种观点：财产性利益的转移只能通过利益的取得和损失来进行判断。不可能对于一个抽象的权利，要求它一定进行一个有轨迹的转移，只要这个权益在现实当中消失的同时由别人取得，就可以说这个时候这个利益发生了转移。所以我就把这四个标准压缩成两个：一个是管理可能性，另一个是经济性。当然近年来有些学者提出了一些新的标准，如在座的李强教授提出要有一个确定性的标准，他认为财产性利益应该是确定的，它不能只是一种可能实现的利益。但我觉得这个确定性标准可能不太妥当，因为我认为对于财产性利益如果将它将来实现的可能性讨论进来的话，首先会有损财产性利益保护的独立性，它现在考虑的是财产性利益以后变现的价值，而不是财产性利益目前的价值。这个问题我就暂时不谈了。

(四) 财产性利益保护界限具体标准的认定

我再大概讲讲财产性利益的经济性、管理可能性等理论的具体内容。

关于经济性的内容，我认为存在三个基本的细分标准。第一，财产性利益一定是可以进行交换的独立的价值；另外，这个经济价值我们一般可以区分为使用价值和交换价值，对于狭义财物来说，甚至有观点认为，它可以只有使用价值，经济价值可以进行次要考虑。但我认为对于财产性利益来讲，交换价值非常重要，也就是说这个财产性利益一定要可以进行独立的交换，因此债务的延期履行和合同上的利益就不应该成为刑法保护的财产性利益。什么叫作合同上的利益？就是说甲通过欺骗手段使得乙与他签订了经济合同。那么经济合同签订之后甲具有请求权，这个请求权不能进行独立的交换，所以它无法成为刑法保护的财产性利益。第二，非人格性。如果这个利益包括了人格性内容的话，我认为这也无法成为刑法保护的财产性利益。例如性关系，例如继承权，都具有很强的人格性，因此我觉得这些应该被排除在外。第三，法律的制约性。也就是说这个财产性利益必须是合法的，非法的财产性利益我认为是不能保护的，从而排除了它的经济性。

最后可以看到标准就是管理的可能性，我又把它区分为继承性和可转移性两个标准。所谓继承性，是指不法侵害实施以前这个权益就要存在，如果因为不法侵害实施以后被害人受到损失,然后行为人就得到了利益,我认为这时还不能完全认为诈骗罪是成立的。例如之前讲过的案例,甲通过欺骗手段使乙签下了欠条,承担了债务,那么在这里这个债务形成以前,这个经济利益是不存在的,这个独立的请求权是不存在的,这个被害人原来没有一个独立的东西被骗走,因此我认为不能成立诈骗罪。第二个标准是可转移性,利益的取得和利益的损失应该同时发生,因此商业秘密和劳务不能成为刑法保护的财产性利益。对于虚拟财产,如果是可以由平台无限复制的这种财产,我认为是不能产生财物损失的,因此它不能成为财产性利益;但是如果是已由被害人所购买的虚拟财产,它可以产生一个占有上的损失,那么这个时候我认为可以认定为财产性利益。

主持人:付玉明

两位报告人对于财产的内容、范围、性质的界定以及刑法的保护作了讨论,非常精彩,虽然从我的角度上看有种在分论上进行表演的感觉,但是双方都从容镇定地完成了自己的表达,内容本身很清晰。

送给大家一首古体诗:

> 青山不老杜甫诗,绿水长流苏轼词。
> 循章莫作老雕虫,秉异尚需新叶枝。

望在座的"80后"学者都能秉持新见,创造新知,推动中国刑法学的发展。

二、评论

主持人：李 强

接下来进入评议和自由讨论的环节，评论人有两位：苏州大学的王俊老师和清华大学的马春晓老师。

评论人：王 俊

我与马寅翔博士昨天讨论到了（今日）凌晨两点，相互之间的争论，很多其实是一种美好的误会，我后来也发现自己对于他的观点的理解有偏差，但是在核心观点上我依然不赞同他，因此我将说明一下我自己的看法。

首先，在三角诈骗跟盗窃罪的间接正犯之间，马寅翔博士采取了所谓的事实处分可能性，也就是他所谓的密切关系说。他认为只要是处分人占有财物，就可以认为是一种处分，就可以把这种行为认定为诈骗罪。但是这种理解是有问题的，这种观点确实在我国比较少见。在我国更多的是一种权限理论，包括张明楷老师、车浩老师都是这种观点。

第一，三角诈骗结构之所以存在，是因为它与传统二角诈骗之间不存在本质性差别，都是有处分权的人处分财产。我记得张明楷老师说过，不管是二角诈骗还是三角诈骗，都是有处分权的人处分财产，只不过前者处分的是自己的财物，后者处分的是他人财物。因此如果马寅翔博士的想法是只要求被骗人占有财物即可，那么完全切断处分人与被害人损失之间的关系，从而彻底架空被害人角色存在的必要性，就有可能模糊盗窃与诈骗的界限。

第二，从盗窃罪的教义学结构出发，我们会发现只有权限理论才是可以接受的，因为没有得到被害人授权，其实是违反被害人意志的，这是盗窃罪成立的核心，已经不符合诈骗罪的构成要件的要求了。因此马寅翔博士想讲被害人同意属于违法阻却事由，即便认为它属于构成要件阶层，那其也只是一个构成要件的阻却事由，并不能改变构成要件的性质。但是这种说法是有问题的，因为被害人同意在盗窃罪与诈骗罪之间恰恰具有一个区分功能。在盗窃罪中打破占有就是违反他人意志的行为，在诈骗罪中处分虽然是有瑕疵的，但同意依然是有效的。因此有无这种同意，其实是诈骗罪处分行为以及盗窃罪打破占有的应有之义，而非所谓的排除事由，因此同意本身有无势必会影响我们对于诈骗和盗窃的理解。

另外还可能的问题是，马寅翔博士的密切关系说针对财物与财产性利益设定了两套完全不同标准。马寅翔博士认为，在财物诈骗中，密切关系仅仅表现为受骗者对财物的控制支配关系，即事实占有关系；但在财产性利益等非财物诈骗，密切关系表现为受骗人与被害人之间的权利义务关系。这样表述就有个问题，原本的密切关系说，马寅翔博士在涉及财物上采取事实性标准，但在财产性利益上不涉及事实性的占有，因此马寅翔博士不得不考虑规范层面的权利义务关系。针对同一诈骗罪区分这样一个二元论结构的学说，是可能存在问题的。

以上是密切关系说可能存在的问题。

其次,针对二维码诈骗,马寅翔博士指出成立诈骗罪,但是有个问题:对于素材同一性怎么理解?因为通常所说的素材同一性不好理解,因此马寅翔博士认为还是成立诈骗,理由是盗窃罪不能成为一个"口袋罪",因此要限缩,但是他的限缩办法不是考虑它的对象,而是考虑它的行为构造。这种处理存在问题:目前在处理盗窃时,对象是第一位的问题,如果先考虑行为构造会导致针对财物的犯罪与针对利益的犯罪成立两套完全不同的结构,因此他的理论会导致在一个盗窃罪下面形成两套不同的构成要件。这样的理解可能是存在问题的。

那么对于二维码案如何理解?我个人认为应该定盗窃,那么这里的盗窃肯定不能是利益,我个人认为能否考虑把第三方账户的资金跟银行存款进行区分,认为第三方账户的资金其实是虚拟物权。中国人民银行2015年发布的《非银行支付机构网络支付业务管理办法》第7条第2款有规定:"支付账户所记录的资金余额不同于客户本人的银行存款,不受《存款保险条例》保护,其实质是客户委托支付机构保管的、所有权归属于客户的预付价值。"这样理解的话,它和银行存款还是有区别的。由此区别出发,是否可以将其理解为虚拟物权,从而纳入盗窃的保护对象?

评论人:马春晓

邓毅丞老师是以诈骗罪的财产性利益为主题作了这篇文章的论断,他核心的结论就是应当以经济性与管理可能性为基本标准对财产性利益进行限缩,以保障其在构成要件中的保障功能。特别是在文章末尾,以此种标准,对两个中国司法实践上的判决进行一个展开:第一个判决是行为人杨某利用漏洞非法复制网络游戏里面的道具进行销售的行为;第二个判决是行为人张某非法转让他人网络的域名进行转卖的行为。鉴于这次论坛的宗旨是突出实践,我也以这两个案子作回溯性的思考,对邓毅丞这篇论文的行文逻辑展开讨论。我认为主要有三点可以商榷:

第一,可转移性的内容到底是什么?在民法上区分人身利益和财产利益,前者具有专属性,后者具有转移性。在刑法上讨论此问题时,特别强调区分可转移性与不可转移性的财产性利益,此处是否存在逻辑上的问题?在德日,诈骗罪都被视为典型的转移犯罪。在日本,诈骗罪构成要件中包含占有转移,而在德国处分构成要件要素中也包括转移的意思。也就是说,转移是整个诈骗罪客观构成要件要素中不可缺少的部分,此时以此来限定犯罪客体,是不是存在把在其他构成要件要素中要讨论的问题拉入到客体范围内进行讨论的问题呢?

第二,可转移性的标准是什么?特别是在第一个判决中,对于同样的游戏道具,相对于游戏公司而言不具有可转移性,但相对于游戏玩家而言具有可转移性,而且可以在第三方平台上销售。那么此时在论证上是否有逻辑问题?所带来的进一步的问题就是如何确定地、妥当地讨论可转移性的标准,以方便司法实践作妥当的判例上的思考。

第三,可转移性和损害性之间到底是什么样的逻辑关系?因为在两个案子的分析中,邓毅丞老师都反复地说道具是不具备转移性的，现在转移了道具，就带来了财产的损失。我想说的是，如果说做这样的理解，按照德国刑法，诈骗罪是对整体财产的犯罪，财产损害作为诈骗罪客观的构成要件要素，实际上就是在评价财产损失的要素。如果按照日本通说的诈骗罪属于侵害个别财产的犯罪，交付占有转移时财产实际上也实现了转移。无论是基于日本观点还是基于德国观点，在讨论问题时，就这两个案件展开的逻辑上的分析是不是都在这个点上混在了一起？包括财产性利益在内的所有的广义的财产，当然是诈骗罪保护的客体，但问题是客体只是诈骗罪成立的一个必要条件，而非诈骗罪成立的充分条件。

因此我最核心的点评意见就是我们在研究和讨论行为客体时，是不是有必要顾及诈骗罪其他客观构成要件要素功能的发挥以及它们存在的空间？同时我们在论证诈骗罪客体时，以诈骗罪客体作为界分诈骗罪罪与非罪的标准，是否要考虑到此要素仍然存在功能的上限？我们不能过分拔高一个要素功能的上限，以至于压缩了其他构成要件要素的空间，或者使得其他的构成要件要素被虚置，或者说把原本应当在其他构成要件要素中讨论的东西，拿到诈骗罪的客体里面一并进行讨论。

三、自由讨论

报告人：马寅翔

就王俊博士对我论文的点评，我作一个简短的回应，主要就以下几点进行反驳：

第一，王俊博士认为我在研究盗窃罪与诈骗罪的结构时无视了被害人同意这一重要理论，但其实他没有注意到我的立论前提是在三角诈骗的讨论中，被害人同意对于入罪所起的作用并不会特别大，因为要讨论的是被骗人对占有转移是否存在同意，要先搞清楚语境。是否承认诈骗犯罪分子盗窃赃物，如果是承认构成一般认为的诈骗罪，那么在这种情况下被害人是不是同意对于我们认定诈骗罪而言在入罪时并不具有非常直接的影响。

第二，王俊博士认为我是先架构行为构造，再去框定对象，但其实是反过来的。我在报告中明确表示过一个前提，如果我们对于财产性利益可以成立盗窃罪已经成为越来越多学者承认的前提的话，那么接下来我们如何通过一个行为构造使盗窃罪的表现方式尽可能明确化，而不是像现在实践当中越来越多地将这样的行为认定为盗窃罪，但并没有对盗窃罪的行为构造到底是什么作出一个非常明确的揭示。这也是我最近一些研究努力的方向。

至于他说我在实体物盗窃上可能运用了一个破坏占有的标准，而在财产性利益方面运用了规范性的标准，但我觉得这并不是说我的理论本身存在问题，而是因为财物和财产性利益本身一个是与实体相关的而另外一个是规范性的。不能针对一个规范性的东西，拿出一个事实性的标准去作评价，这可能是一个非常困难的问题。我认为对象性质的不同可能使得判断标准也会存在一些区别。

那么至于财产损失的同一性问题，我个人认为就二维码案而言，完全可以认定为诈骗罪的原因是被骗的顾客对于交付主体发生了误认，使得自己对于银行的、正常情况下要转移给商家的债权，由于行为人的行为被"截胡"了。由此来看，商家损失的正是顾客要交付的这一部分债权。从这个角度看，还是可以维持素材同一性的。

嘉　宾：储陈城

Q：我有一个小的问题，可能跟刚刚各位老师的报告不太一样，是在研究虚拟货币时出现的思考。我在考虑刑法应该如何保护虚拟货币时发现一个问题，对于国家政策不予以保护的，比如说毒品的持有，我们是持否定态度的，刑法否定对毒品的占有，但是盗窃毒品居然构成盗窃罪。一个是否定对毒品的占有，一个是通过盗窃罪保护行为人对毒品的占有。这两者之间是否存在矛盾？

基于这样一个问题我在想，如果说国家的法律、政策对行为人对这类物品的占有持否定态度，为何又要用另一个罪名保护它？这是我的一个疑问，希望各位老师可以予以解答。此外，目前我们的政策对区块链的态度、立场应当说是越发否定，是不是也会影响到诈骗罪或者盗窃罪对于比特币等虚拟货币的保护？

主持人：李　强

这些问题是储老师提给大家思考的问题。时间关系，本单元到此为止，谢谢大家。

第三单元
实务案例解剖

案例一
某公司涉嫌"走单走票不走货"诈骗案

主持人：杨玉洁（北京大学出版社编辑）
　　　　劳东燕（清华大学法学院教授）
　　　　江　溯（北京大学法学院副教授）
控　方：南京大学法学院学生
辩　方：浙江大学光华法学院学生
评论人：徐　然（中国政法大学法律硕士学院副教授）
　　　　王华伟（北京大学法学院博士后）
　　　　李　剑（杭州市余杭区人民检察院检察官）

一、模拟法庭辩论

（一）案情简介

嘉　宾：康　烨

我对案件的介绍分为三个部分：一是案情的介绍，二是控辩双方的观点，三是本案的争议焦点。先请我们的会务同志给出案例，大家会看到非常多的文字，我给大家准备了一个图表：本案的主角 A 公司，也就是我的当事人、委托人，为什么会陷入"走单走票不走货"的诈骗案件呢？实际上 A 公司向人民法院申请了一个破产债权，是一个很普通的民事行为，为什么会涉嫌诈骗？我们了解到 A 公司已经被公安机关以诈骗罪立案调查这个情况之后，我们就向 A 公司了解它的业务模式是什么。A 公司实际上是一个国企，最关心的不是利润率的问题，而是国有资产的保值增值。这单业务是这样发生的：

  下游 B、C 两个公司找到 A 公司，说："我们向你采购钢材，但你要给我们六个月的账期。"于是 A 公司就向 B、C 公司所指定的上游公司去采购钢材。A 公司考虑："我跟你们做这个生意，给你们提供六个月的账期，万一到时候你们不给我付款，怎么办？"B、C 公司找来甲公司作为担保方，于是 A 公司认为交易不存在问题。本案当中有三个合同关系：第一个是 B、C 公司和 A 公司的买卖合同关系，第二个是 B、C 公司要求 A 公司与上游 D、E 公司签的另一个买卖合同关系，第三个是担保方甲公司和 A 公司签的最高额抵押担保的合同。这样的交易看似已经很安全了，于是 B、C 公司向 A 公司采购钢材，A 公司向上游 D、E 公司采购钢材，这么一圈走下来，A 公司让上游公司指示仓储公司交付钢材，仓储公司根据 A 公司的指示，向 B、C 公司交付钢材。作为通常的民事交易当中的指示交付，这样没有问题。结果 A 公司在这样的交易过程大概运行了一年多之后，突然得到消息：B、C 公司无法再支付货款，累计还有 6 000 万元未兑付的债务。A 公司想：没有关系，反正有担保方甲公司为我做了抵押担保,而且是最高额的抵押担保,并且是用不动产,这样的交易很安全。于是 A 公司就向受诉破产的法院申报了债权,但是没多久,公安机关就找上门来,原来甲公司的破产管理人收集了一些在交易过程中貌似虚假的情形。

我们来看所谓貌似虚假的情形:第一,仓储公司储存的是钢材,储存量有限,并不足以达到 A 公司和 B、C 公司之间交易的钢材量;第二,钢材的指示交付,需要由运输车队来运输,但是运输车队的车牌是假车牌,公安机关因此觉得这个交易是虚假的,申报的债权债务也是虚假的。

公安机关认为,第一,"走单走票不走货",根本没有真实的货物交易,就是虚构事实、掩盖真相的行为。第二,就是刚刚所说的两个疑点,A 公司具有验货的义务,却没有验货,而且放任了过程中有这样一个虚假的行为,因此具有诈骗的故意。第三,A 公司在得知甲公司申请破产的情况下,向人民法院申报了破产债权,所以有获取不法利益的动机。这是公安机关的观点。

律师针锋相对地提出三个观点。第一,"走单走票不走货"是受法律保护的民事法律关系,属于正常的供应链贸易和担保合同关系,最高人民法院曾经也有一个案例,其裁判思路就是,不应当轻易地打破合同相对方的交易秩序,因此虽然是指示交付,但实际上 A 公司已经完成了所有的合同义务,因此谈不上具有形式违法性。第二,针对公安机关指控 A 公司具有诈骗故意的观点,对于 A 公司来讲,其与担保人和债务人的关系,实际上是内部关系,债权人没有义务去了解担保人和债务人之间的内部关系,且 A 公司接受了最高额的抵押担保,给了下游公司六个月的账期，是为了获得交易的安全和便利，最终申报破产债权也是维护自身的合法权利。第三，针对 A 公司申报债权的恶意，律师提出事实上这个案件还有一定的背景情况，甲公司在为 A 公司提供担保时其实已经资不抵债了，因为甲公司是房产公司，有很多的购房者在购房之后甲公司无法交付房产，结果有很多购房者就成为了上访人员。如果把 A 公司这样具有抵押权的优先受偿的破产债权排除出去的话，作为甲公司的管理人，可以平息一定的社会矛盾。

不管怎么说，虽然有纷繁复杂的案件背景，但是最终解决还是要回归到诈骗罪的犯罪构成要件，因此我觉得本案的争议焦点就是：能否以 A 公司与下游公司"走单走票不走货"的贸易模式，来认定 A 公司与下游公司的交易系属虚假交易，从而认为 A 公司与下游公司虚构债权债务骗取甲公司履行担保责任，损害了甲公司的财产权？

这个案子最终在公安阶段撤销了案件。我把下面的时间交给南京大学和浙江大学的同学们，谢谢大家。

(二) 控辩双方陈词

控　方：南京大学法学院学生

为使对 A 公司涉嫌合同诈骗罪的案件的讨论集中在"走单走票不走货"的交易模式下，向交易第三方即此处提到的担保方甲公司主张债权能否构成合同诈骗罪这一具体问题上，控辩双方在赛前达成一致，本案中自始至终不存在货物流通。

基于以上前提，公诉方本着尊重客观事实的原则重新梳理本案，事实如下：

被告人A公司与其下游公司签订长期供货合同，约定A公司长期向上游公司定点采购工矿产品后，再向下游公司进行销售供应。但是实际上在整个交易环节中，并没有现实的货物存在。三方公司伪造了货权转移凭证、提货申请单、到货通知书等虚假材料，然而A公司与下游公司隐瞒了交易过程中无货的事实，与被害人甲公司共同签订最高额抵押担保合同，以甲公司名下的房屋作为抵押物，为下游公司提供最高额抵押担保。之后甲公司申请破产并获得批准，A公司却以已向上游公司主动垫付资金、下游公司付款不能为由，以抵押合同向法院申报破产债权共计一亿八千余万元。申报过程中，甲公司的破产管理人认为，A公司属于以不真实的交易虚造破产债权涉嫌诈骗，遂向公安机关报案。

基于以上案件事实及相关法律法规，公诉方认为本案中被告人A公司在合同履行过程中采取欺骗手段，骗取甲公司财物一亿八千余万元未遂，符合合同诈骗罪的构成要件。且其不具备阻却事由，应当认定构成合同诈骗罪未遂。

下面将论述本案的客观构成要件和主观构成要件。

首先本案符合合同诈骗罪的客观构成要件。

1. A公司与上下游公司间不存在真实的买卖行为：根据A公司与下游公司签订的工矿产品销售合同、提货申请单、到货通知书、收货确认证明等，A公司实际上是在没有实际货物存在的情况下，仍然参与伪造了这一整套货物交易的流程。买卖合同中应当存在交易的对价，而实际上，上游公司并没有交付货物，下游公司也没有收到货物。因此买卖关系只是通过虚假单据所构造的一种外在形式。

2. A公司以虚假交易的外表欺骗甲公司签订抵押合同，根据A公司、下游公司和甲公司所签订的最高额抵押担保合同，甲公司所提供的抵押物权仅仅担保长期供货合同及其项下各具体销售合同产生的债权，而无论是长期供货合同中，还是具体销售合同中，描述的都是A公司与上下游公司存在的钱货交易。甲公司不可能认识到自己所担保的交易并不存在真实的货物，更何况三方还伪造了严密的提货、放货、收货单据，因而甲公司自愿担保的一直都是存在钱货交易的买卖合同，而非仅有资金流转的所谓拆借关系。甲公司基于错误认识签订了抵押合同。

3. A公司以欺诈手段虚报破产债权。如上所述，我们认为上中下游公司之间的合同名为买卖实为融资拆借，A公司以买卖合同外表骗取甲公司的抵押担保。资金链断裂时，A公司以其与上下游公司伪造的买卖合同债权为内容，以之前骗取的抵押合同为依据，要求债权清偿，引发了财产损失的具体危险，应当认定为合同诈骗罪的实行行为。

虽然甲公司尚未将一亿八千余万元资金转移给A公司，但A公司申报债权的行为已经引发了现实的危险，且涉案金额巨大，根据最高人民法院、最高人民检察院《关于办理诈骗刑事案件具体应用法律若干问题的解释》的规定，诈骗未遂，以数额巨大的财物为诈骗目的的，应当定罪处罚。

此处需要额外说明的是，上中下游公司签订的合同，属于买卖合同还是融资合同，有效还是无效，均属于民事部分的认定。

在探讨 A 公司的行为时，只要符合合同诈骗罪的构成要件，就在刑事部分成立犯罪，而无需再追问民事部分效力及其性质。

再者本案情形符合合同诈骗罪未遂的主观构成要件。

本案中主观构成要件的主要争议在于 A 公司是否存在非法占有目的。非法占有目的是指在无合法根据又事实取得、控制他人财产的心理状态。本案中 A 公司在抵押合同订立之时对无货的事实属于明知，但是却故意隐瞒真相骗取甲公司签订抵押合同。之后 A 公司在下游公司明显出现给付不能的情况下继续交易，并且持续向上游公司垫付货款，伪造正常货物买卖外观，凭借它与下游公司虚构的债权凭证向甲公司申请债权清偿，企图骗取甲公司财产，应当认定为具有非法占有甲公司财产的目的。

公诉方意见陈述完毕。

主持人：杨玉洁

请辩方陈述意见。

辩方：浙江大学光华法学院学生

我方对公诉方梳理的案件事实大体无异议，仅就一点需要补充：根据现有证据，无法证明 A 公司与下游公司向甲公司隐瞒交易过程中无货的事实，相反，甲公司与下游公司的实际控制人还有亲属关系。根据现有证据，被告认为公诉方的诉讼请求缺乏事实与法律依据，公诉方控告罪名不成立。

辩护人现根据有关事实和法律依据发表如下辩护意见：

1. "不走货"不代表实为借贷。根据2013年全国商事审判工作座谈会会议的指导精神及最高人民法院2014年民二终字第56号判决，即使贸易中无真实货物交付，也不能否定双方之间业已形成的法律关系。在我国现行法律中没有对"走单走票不走货"行为有明确的强制性规定的情况下，买卖合同系双方真实意思表示，不违反法律、行政法规等强制法规定，合法有效。

另外，在实践中以"走单走票不走货"的形式进行企业间借贷时，他们之间的贸易链一般是闭合的，以使得资金能够在三家公司之间充分流转起来。而本案中上下游公司与A公司间的贸易链并不是闭合的，起点是上游公司，终点是下游公司。要注意的是他们之间的买卖标的物是钢材，而在这种大宗货物的贸易中，通过转移货权凭证的方式交易库存货物或大宗货物，本身就是大宗货物国际贸易中的常见形式，符合国际惯例和商业习惯。公诉方不得以下游公司没有实际提货为由否认买卖合同效力，在没有明确证据证明其为借贷关系之前，A公司与下游公司间的买卖合同合法有效，A公司与甲公司之间的担保合同也是合法有效的。

2. 即使实为借贷，从法秩序统一的角度而言，A公司的行为也不应当入罪。根据最高人民法院的有关负责人在商事审判座谈会上的讲话，不具备从事金融业务性质的企业之间，为生产经营需要进行的临时性资金拆借行为，如提供资金一方并非以资金融通为产业，不属于违反国家金融管制强制性规定的情形，不应当认定借款合同无效。最高人民法院2014年民二终字第109号判决也遵循了这次座谈会的精神，认定企业间的借款合同是合法有效的。所以即使A公司与下游公司之间签订的是名为买卖实为借贷的合同，也应当是合法有效的。另外根据最高人民法院2011年民提字第351号判决，因企业借贷而衍生的还款协议、担保合同，均属合法有效。综上，从法秩序统一的角度而言，A公司的行为在民法领域可以被评定为合法的民事行为，因此在刑法领域自然不能简单地认为A公司的交易行为会构成诈骗罪，否则会破坏法秩序的统一。

3. A公司行为不构成诈骗罪。A公司行为并不符合《刑法》第224条规定的前四项实行行为，只能用兜底性规定来判断A公司是否构成合同诈骗罪。

按照法条解释的方法，以其他方法骗取他人财物的实质必须与前四项相同，即必须实施欺诈行为使得他人陷入认识错误并终局性地转移占有，但是A公司与上下游公司之间如果是买卖合同关系，A公司有凭证证明债权的存在，下游公司无法支付A公司的货款，担保人甲公司自然而然应该履行担保责任以保证A公司债权的实现。A公司依据买卖合同与担保合同获得担保，自然不能说行为构成合同诈骗罪。但即使A公司与下游公司之间是名为买卖实为借贷的关系，也不能说其构成合同诈骗罪。

首先，从构成要件角度说无法证明A公司存在欺诈行为。根据A公司与甲公司签订的担保合同，甲公司仍然要保障A公司债权的实现，在这一点上，A公司与上下游公司之间究竟是买卖关系抑或是借贷关系，对甲公司担保责任的实现而言关系不大。因为只要下游公司无法偿还对A公司的债务，甲公司就需要履行担保责任以保障A公司债权的实现。所以即使A公司并没有告知甲公司其与下游公司之间是名为买卖实为借贷的关系，也并不能证明 A 公司实施了欺诈行为。公诉方如果想要证明 A 公司存在欺诈行为，就需要证明 A 公司与甲公司订立担保合同意在使得甲公司终局性转移财产占有。

其次，从构成要件来说，无法证明 A 公司存在非法目的。最高人民法院 2003 年印发的《全国法院审理经济犯罪案件工作座谈会纪要》中，对于非法占有财物的具体情形作了具体规定，但是 A 公司并不存在上述规定的任何情形。根据《合同法》第 52 条、第 54 条的规定，基于一方欺诈订立的合同，只有在损害国家利益情况下才能认定合同无效，否则即使是在违背当事人真实意思的情况下订立合同，也仅仅属于可撤销或者可变更合同。仅仅在其中一方变更或撤销时，民法才介入；而动用国家权力进入民事关系的要求更为严格，只有违反市场交易秩序和公私财产的危害程度达到应受到刑法惩罚的时候，刑法才可以介入这种合同关系。所以即使 A 公司对甲公司隐瞒了和下游公司之间真实的交易关系，其行为也只能构成民事意义上的欺诈行为，除非公诉方证明 A 公司与下游公司恶意串通，出于动摇甲公司财产根基的故意与甲签订担保合同，否则的话就不应当动用刑法介入民事关系之中。

（三）自由辩论

主持人：下面控方将就客观方面首先提问。

控方：首先想请问辩方，在明知交易其实无货的状态下，A 公司为何还要持续地向上游公司垫付资金呢？这种行为应该怎么理解？

辩方：这种行为可以有多种解释，不一定由走货直接推到借贷。现在请问公诉人，是通过什么证据由不走货的状态推到实际存在借贷这一情况的？因为我们知道在这一案例中实际上并不存在循环贸易这一现象。

控方：因为在本案中 A 公司向上游公司垫付资金的行为当中，上游公司并没有实际交付货物，买卖合同是需要对价的，那么 A 公司垫付资金的行为在客观上的效果就是对上游公司享有债权，在这个情况下，A 公司垫付资金的行为实质上就是对上游公司的借贷行为。这是从实际上可以推导出来的，因为 A 公司具体是否与上游公司达成合意这点我们不能从案件事实中得出，但在客观上我们认为，在没有对价的情况下，垫付资金的行为就是一种获得债权的行为。

辩方：好，这个案件中的证据有收货确认证明，那在大宗商品贸易中这种现象其实是很常见的，企业间通过转移货权凭证的方式来交易库存货物的这种交易惯例，公诉人不认同吗？

控方：我通过一个问题来回答你这个问题。辩方既然主张货物只是没有流转，但仍然可以构成买卖合同，那么以下游公司之一来举例，我们从《债权申请表》上可以看到，2014 年 7 月 9 日到 2014 年 12 月，A 公司与下游公司之一发生了 15 次交易，这 15 次交易中货物始终是在仓储公司处没有流转吗？

辩方：对，在仓储公司处没有流转。

控方：您方既然主张这是一个正常的买卖合同，只是货物没有发，那么货物一直在仓储公司处，这也符合商业惯例吗？那么走单走票后，货物本身是不是完成了法律意义上的交付？是否完成法律意义上的交付和合同是否有效是两个问题。

辩方： 为什么是两个问题？

控方： 我想请问一下辩方认为提货单据是否具有海商法上提单的效力？为什么您方认为拿到提货单据后物权就已经发生转移了？它是一个有效的物权转移凭证吗？

辩方： 继续提问控方，是否有证据证明存在刑事意义上的欺诈行为？因为我刚刚听公诉人发表意见时也没有对刑法意义上和民法意义上的欺诈行为作一个明确的区分。

控方： 在诈骗罪和民事欺诈的关系上，我方认为它们不是对立关系，而是特殊与一般的关系。问题在于我们现在要以怎样的标准，将民事欺诈中的诈骗行为挑选出来，然后以犯罪论处。我们认为，当这个行为符合诈骗罪的构成要件的时候就已经成立诈骗罪了，在认定行为构成诈骗罪之后，也不必再回头追问它在民法上是否属于民事欺诈。

辩方： 那公诉人如何具体论证呢？

控方： 这个我方在刚刚的论述里已经提到了，A公司明知道这时候是无货的状态，但它仍旧与甲公司签订了担保合同，且担保合同中写明签的是长期供货合同，而长期供货合同里也明确说了这是工矿产品交易，实际上这是钱货交易的合同。但A公司这时隐瞒了无货这一情况，与甲公司签订了担保合同，同时A公司又伪造了一整套交易流程，把提货单和交易凭证都伪造出来，去向甲公司申请破产债权，这个行为我们认为是欺诈行为，因为甲公司所担保的是钱货交易，但根本不存在钱货交易。我想请问辩方,刚刚你们没有回答我的问题,A公司在与上下游公司进行交易的时候是不是通过提货单来证明交易已经完成,还有没有其他的凭证?有没有像您方提到的具有物权转移凭证效力的凭证?

辩方:所有证据在证据清单里。再回答您刚才的问题,您还是没有明确区分民事欺诈和刑事诈骗这一问题。我们知道民事欺诈与刑事诈骗比较明显的区分就是,民事欺诈是对交易安全的危害,危害的是交易的安全性和自愿性,这在本案中体现得比较明显,其中不存在对财产权进行侵害的这样一种现象,公诉方刚才的论述也并没有证明这是一种刑事上欺诈的行为,也没有突出民刑的区别,可否再具体地解释一下?

控方:刚刚辩方也提到了民事上的自愿性,那么我想请问,甲公司是自愿地去签订这样一个担保合同吗?辩方有什么证据能够证明甲公司的确是知道货物交易里其实是没有货物的?

辩方:知道货物交易中没有货物和自愿性是两个方面的东西,只是刚刚我在论述中强调了民事欺诈可能会侵犯自愿性,但这一点并没有严重到构成刑事诈骗的程度。

控方:所以对方已经确定签订合同的过程是欺诈行为了,对吗?

辩方:不一定。我们有几项合理的怀疑,可以质疑甲公司在本案中到底知不知道存在实际上不走货的现象。首先,名为买卖实为借贷的交易方式是在学理和实务上都被广泛讨论的一个现象,所以说对于正在经营商业的主体,不可能对于这种交易模式毫无防备。其次,甲公司和A公司,担保与被担保公司之间是存在契约关系和义务关系的,这也减少了甲公司不知情的可能性。

控方：辩方刚刚对甲公司的怀疑实质上也是一种推定，但我方在论述中提到，我们从担保合同和长期供货合同里面完全看不出货物其实是不存在的，并且对方提到了亲属关系，我认为这一点的证明力度更轻了，首先亲属关系是不是良好的关系我们不知道，其次就算是良好的亲属关系，股东会不会联合外人去骗取自己公司的财物，这个问题在实务中也是可能存在的。现在辩方根本没有证据证明甲公司是明知的，从已有证据来看，甲公司在整套交易单据完备的情况下，是不可能明知货物不存在的。

辩方：好，那我们再回到刚刚讨论到一半的问题。请问公诉方，即使不存在走货，但在法律意义上的交付完成时，根据最高人民法院 2014 年民二终字第 56 号判决，是否可以认为它本身的买卖合同是有效的？由此，既然已经收到了合同货物，贸易合同已经部分履行了，那么此时要求甲公司承担担保责任是否也是理所应当的？

控方：控方自始至终是不否认上中下游公司之间主合同的效力的，无论是买卖合同还是融资合同，有效合同约束的仅是合同相对方这两方，不能约束善意的第三方，也就是担保人，即使说这可认定为民事上有效，也不妨碍它成为刑事诈骗的手段，因为担保人对于主合同的认知是因为 A 公司隐瞒了部分事实，这个担保合同签订时本身就是有瑕疵的。再请问对方，在您方的论证逻辑下，民事上的有效、合法就一定能推出刑事上的无罪吗？

辩方：我们要考虑到法秩序的统一，在犯罪认定中如果认定在其他部门法，比如民法中是合法有效的行为，那就可以直接排除社会危害性和刑法违法性，在这种情况下还依照犯罪论处，难道不是违背了法秩序统一的原则吗？

控方：我强调一下，对方在强调法秩序统一的时候，逻辑链里面缺了一环，即使民法上是同意买卖合同里可以隐藏借贷行为的，但民法上不曾允许可以以这个买卖合同去骗取其他人签订担保合同，在签订担保合同时，A 公司对甲公司存在欺诈行为，这个担保合同的效力应该是待定的。而在合同可撤销的情况下，以一整套虚假单据营造存在买卖合同的假象，再以欺诈手段签下的合同去申请破产债权，这种行为就是一种欺诈行为。A 公司作为国有大型企业，在主观方面，是否应该明知交易是无货的？它对交易是否具有审查义务？

辩方：先回答公诉方之前的问题。其实我们还是回到了欺诈行为到底是民事意义上还是刑事意义上的问题，现在我想请问您方有没有证据证明，A 公司和甲公司签订这个合同意在使甲公司终局性地转移占有它之前所担保的财产呢？

控方：对方是想说是否具有非法占有目的，但是我想说非法占有目的是靠对财产是否具有损害的故意来推定的。在 A 公司签订担保合同的时候，它对甲公司的财产是具有损害故意的。虽然财产损害在这时体现得并不明显，只是一种抽象的危险，但甲公司在签订合同时已经置身于合同的约束中了，这种抽象危险在最后申报债权时进行了现实化，这个时候就应当认为有财产损害。

辩方：名为买卖实为借贷的事，A 公司在这个过程中处于借贷方的地位，这个时候它与下游公司进行企业间的借贷行为，它想使这个借贷合同合法化，成为买卖合同，所以它就伪造单据和凭证。这时候 A 公司想到下游公司不还钱的可能性，于是找了一个担保人,也就是甲公司来为他们之间的借贷关系进行担保。这时候对方说,A公司并没有告知甲公司它与下游公司间实际上是借贷关系,所以它一定构成了诈骗罪。如果按照对方这么理解的话,A公司对于甲公司隐瞒事实或者虚构部分事实,就简单地推定为诈骗的话,那么我们还需要民事意义上的欺诈去规制什么问题呢?所以在整个交易过程中,A公司和上下游公司之间实行的这种"走单走票不走货"的贸易形式,实际上是商事领域中一种非常常见的企业间的借贷形式,对方将这种非常常见的借贷形式认定为由A公司实行的诈骗行为,是否有刑法过于干涉民事行为之嫌?

辩方:关于民事欺诈和合同诈骗罪的区分还有如下补充。买卖或者借贷其实是不对担保责任的实现产生本质上的区别和很大的影响的。A公司与下游公司之间究竟是买卖关系还是借贷关系,其实都是内部关系,双方之间产生了债权,而且实际借款额和这个合同的价金近似,那么债权人无须了解担保人和债务人是基于何种原因形成了这种内部关系,即便要探求这种内部关系,因为最高抵押权合同上载明担保是长期供货合同,这一点字面上的区别让甲公司不去承担对于借贷合同的担保责任,其实还是有合理怀疑,虽然这个合理怀疑看起来不是那么可信,但是即使甲公司不是事先已经明知这个借贷情况,也应该属于民事欺诈而非刑事诈骗,公诉方一直在逃避这两者之间实际的区别。民事欺诈到底有没有民事欺诈规制的空间,还是所有的民事欺诈都应该归入合同诈骗罪这个范畴,公诉方一直没有给出一个明确的解答。另外其实我们对非法占有目的尚未作出论述。

（四）总结陈词

控方：南京大学法学院学生

总结来看，双方本场的主要争议点如下：

1. A 公司与甲公司以及下游公司之间的担保合同是否有效？辩方的思路是 A 公司与下游公司的买卖合同是有效的，那么主合同有效担保合同也有效，A 公司主张债权在民法上有效，由于法秩序统一，所以在刑法上也不应当认为 A 公司构成犯罪。但是辩方在逻辑链上缺失了一环，A 公司在签订担保合同时，实际上是以欺诈的手段隐瞒了无货的事实，甲公司在担保合同中明确指出了其担保的是钱货交易的行为，但是 A 公司却以一整套虚假的交易外观向甲公司申请破产债权，这是 A 公司去实行欺诈行为的表现。

2. 有关非法占有的目的。非法占有目的确实是民刑上欺诈行为和诈骗罪的一个重要区分点。辩方主张没有任何证据证明 A 公司具有非法占有目的，但是我们应当看到，非法占有目的从对财产损害的故意中可以推导出来。即使说 A 公司在最开始签订担保合同时没有非法占有目的，但是 A 公司后来在申报破产债权的时候明知交易无货，也明知甲公司担保的是有货的交易，还要以一整套伪造的单据、以欺诈手段签订的合同来申请自己的破产债权。在这种情况下，我们认为可以据此推导出 A 公司具有非法占有目的。

综上，我们认为 A 公司成立合同诈骗罪。

辩方：浙江大学光华法学院学生

此次争论的焦点在于民事欺诈与合同诈骗罪之间的关系问题。两者的区别在于民事欺诈危害的是交易中的动态安全，自愿性、自主性等；而诈骗罪损害的是静态安全，以终局性占有为目的。

对方证明构成诈骗罪时，不能绕开的问题是需要证明 A 公司与下游公司签订的整个贸易合同以及伪造的单据都是为了诈骗担保，这样的话整个论述才可以形成。不然为什么 A 公司与下游公司之间明明是商事合同中普通的借贷行为，而对方就直接将其纳入到刑法规制的领域之中。

另外，这个行为在民事领域可以通过民事诉讼的程序去解决。假如实际上真的是名为买卖实为借贷，A 公司对于甲公司隐瞒或者虚构了一些事实，在这个情况下的确可能成立民事意义上的欺诈，但此时他们的合同也并非完全无效，甲公司可以诉诸可撤销、可变更这些方法去解决，而不必一定要将 A 公司的行为归入诈骗罪的范畴。如果是这样的话，商事活动中的许多行为其实都是要受限制的，因为企业在商事活动中都要承担一定的风险，我们也应该认为甲公司作为一个商事主体，在这种非常巨大的交易风险中是具有一定的判断能力、风险承担能力的。

主持人：杨玉洁

感谢控辩双方精彩的辩论。双方对抗非常激烈，时间关系，本环节到此结束。

二、评论

主持人：劳东燕

刚刚我们看到两组同学的精彩表现，双方围绕法秩序统一性、是否名为买卖实为融资等争议来展开辩论，给我的印象非常深刻。但有一点，我感觉双方在答辩时没有密切围绕诈骗罪的构成要件来展开，可能需要有所注意。接下来请第一位评议人点评。

评论人：徐　然

这是一个比较典型的刑民交叉的案件。首先评论控辩双方的表现，控辩双方做了十分精彩、相对有交锋的论辩。但正如劳老师所言，在控辩过程中，尽管控方一开始说本案更重要的是论证诈骗罪的构成要件，但实际上在辩方激烈的围绕合同效力的争论下，诈骗罪入罪的立论被破坏掉了，导致这场讨论从刑法讨论变成民法讨论，特别是主合同和担保合同，而对刑事入罪，特别是本案中相对缺失的事实讨论作了忽略处理。

这样一个案子，对于辩护律师康烨来说是一个非常成功的案子；但是对于控辩双方和评论人来说，讨论比较困难，因为案件在侦查阶段被撤案，办案机关都没有相应地形成案件，对于现实的判断相对被裹在迷雾之中。康烨律师认为本案核心争议在于"走单走票不走货"的交易模式是否不真实。但是在我看来，本案争论的核心、关键，特别是就入罪而言，可能主要涉及下列问题：

第一，抵押担保人是否被骗，或者说抵押担保合同是否系被骗取而来？需要判断欺骗行为发生在哪段，这是第一个要素。如果事实和证据得不出抵押担保是被骗取的，换句话说，抵押担保人是出于真实的意思为主合同提供担保，这样第一个可能被欺诈的行为就被否定了。

第二，考虑这个案件会不会出现 A 公司与上下游公司和甲公司一同去骗取其他相关合法债权人的利益。那么就涉及三方形成骗局的可能性，需要相应事实认定三方是不是存在这样的意图。如果不存在这样的意图，仅仅是具有一个合同外观的形式隐藏了三方，比如说拆借，通过走账的方式增加单位的营业额等其他非合同的目的的话，则只能证明本案中担保合同的担保人对于本案的隐藏合同本身也是认可的，换句话说，这是一种自我愿意的损害。在这样的背景下，很难把这样一个三方组成骗局的行为认定为欺诈行为。

第三，还有一种认为可能欺诈的行为，三方都出于隐藏真实目的的想法形成了合同链条。A 公司在利用已经形成虚假事实的前提下，向已经进入到破产程序的甲公司的法院指定代表人申请债权。利用既存虚构事实，通过一种只主张债权而不虚构事实的行为来实施欺诈，此处涉及这种行为是属于默示的作为诈骗，还是不作为诈骗？

本案中如果考虑入罪问题，考虑诈骗罪是否成立，从刑法上来说这些是需要重点审查的问题。与之相适应，在我看来没法作出一个价值判断，或者空头推定的，是非法占有目的。非法占有目的是否存在，还是需要看欺骗行为发生在哪个阶段。如果一开始骗取担保人提供担保责任，那么非法占有目的在那时已经形成；如果是在三方形成骗局为了应对更多的比如涉案的其他房屋购买者等合法债权人的利益，那么非法占有目的应该在那个阶段去探讨；如果是在申报债权的环节利用既存骗局实施诈骗，那么非法占有目的一定是在 A 公司去申请债权时来讨论的。

以上都是从刑法上来判断，而从民法上来判断，要分别去考虑主合同效力与担保合同效力问题。主合同效力可能涉及隐藏真实目的是否违反强行法规定。比如控方指证的通过合同形式行拆借之实，在 2015 年最高人民法院相关解释出台之前，这种名义上合同实际上属于拆借的行为，效力是否定的，那么就可以得出合同是无效的。

民事上的判断在报告中已经有了，我不再展开。我想谈的是，在本案中控辩双方始终围绕民事欺诈和刑事不法讨论，甚至从辩方立论的逻辑上来看，成立民事欺诈，或者是民事合法，足以抵抗刑事的不法。那么从这个判断出发，会涉及如何把握刑事入罪与合同效力包括民事不法的界限。我注意到从 1998 年到 2014 年，最高人民法院关于审理经济案件发现犯罪嫌疑等可能事实时，有一个变化。在 1998 年，在存在同一法律事实的场合，要以先刑后民的方式处理；2014 年突然把这样的法律事实改为同一事实。这里蕴涵着，在最高司法机关看来，对于同一事实的判断会存在刑法和民法的不同评价，换句话说，即便是属于违反强行性规定的企业间的拆借行为，被行政法和民法否定了效力也不直接等同于说这个行为构成刑事不法。如果要构成刑事不法，一定要考虑刑事不法是否有支撑，有没有欺骗行为，导致陷入错误认识、错误处分的相应的事实。本案事实上管理人在审查合同过程中发现了存在嫌疑的问题，所以辩方可能不应该在这个未遂案件中对财产损失进行进一步展开。

以上是对整体案件的评价。最后谈一下另一个问题：在刑民交叉的案件中，对同一事实会有民法判断、刑法判断。对于入罪的讨论，主要集中在刑事判断上，还会存在问题：当法官适用某个条文时，是在适用整个法律规范。换句话说，如果对同一事实出现两种不同的规范视角的评价，如何来协调？在我看来，首先要判断在刑事判断中是否有入罪的基础性事实与可能性，然后要在实质违法性或者说形式不法层面判断民法上是否有将其证成合法的空间。如果有，出于法秩序统一性将其出罪。而不是在刑事案件的讨论中大量讨论民事合同效力，因为合同本身即便无效，也和本案是否构成犯罪、是否构成诈骗没有直接的关系。这是我的评论。谢谢大家！

主持人：劳东燕

请北京大学博士后王华伟评论。

评论人：王华伟

非常遗憾在我们做分析和评论意见的时候没有得到非常详细的事实，我们得到的是经过概括的、非常简要的事实。但是有些事实对于整个案件的定性是非常重要的。

我先根据已有事实来简要复盘这个案件：第一，A公司作为卖方与下游公司B、C公司签订钢材销售合同，甲公司为A公司的债权实现提供了抵押担保；第二，A公司作为买方与上游公司D、E公司签订钢材销售合同；第三，D、E公司作为卖方向A公司交付货权转移凭证；第四，A公司作为卖方向下游B、C公司发货；第五，B、C公司作为买方向A公司付款；第六，A公司作为买方向上游D、E公司付款。本案中的问题出现在第五个环节，即B、C公司无法向A公司付款，因此A公司向甲公司请求实现抵押担保权。

公安机关认为，A公司与下游B、C公司串通，制造下游公司未清偿债务的假象，以骗取甲公司履行担保责任，获取不法利益。而材料整理者认为，本案争议焦点是甲公司能否以A公司与下游公司的"走单走票不走货"的贸易模式，认定A公司与下游公司的交易系虚假交易，从而认定A公司与下游公司虚构债权债务，骗取甲公司履行担保责任，损害甲公司的财产权。辩护意见同样围绕上述争议展开论证，并援引最高人民法院2014年民二终字第56号判决，认定在A公司与下游公司"走单走票不走货"的贸易模式下，货物已经完成了法律意义上的交付，贸易合同应当合法有效。

显然，在本案中，A公司与下游B、C公司所签订合同的性质在民法上的认定非常关键，对A公司行为刑法意义的评价具有非常重要的意义，辩护意见也敏锐地抓住了这一点。刑法上的统一法秩序原理要求，刑民的评价不应产生冲突与矛盾。多数观点认为，民法上的违法行为可能但未必是刑法上的违法行为，但民法上的合法行为不应是刑法上的违法行为，这是所谓统一法秩序的基本含义。

A 公司与下游 B、C 公司所签订的合同，即通常所说的"走单走票不走货"，在民商法领域非常有争议，该种合同的法律评价经历了一个从无效到有效的逐渐转变过程。在 2014 年以前，包括最高人民法院在内的多份判决认定，这种合同名为买卖实为借贷，是以虚假贸易形式进行的借贷活动，属于以合法形式掩盖非法目的，因而被认定为无效。然而，2014 年最高人民法院作出民二终字第 56 号判决，其认为即使贸易中没有真实货物交付，"走单走票不走货"的事实也不能否定双方之间业已形成的买卖法律关系。在我国现行法律、行政法规对其所谓"走单走票不走货"的交易方式没有明确强制性禁止规定，因此买卖合同系双方当事人真实意思表示，不违反法律、行政法规强制性规定，应当认定为合法有效。

因此，如果证据表明 A 公司与 B、C 公司签订的确实是"走单走票不走货"的合同，即使 A 公司与 B、C 公司之间并不存在实际的交货，该合同仍然属于合法有效的合同。A 公司之所以能够基于抵押权向处在破产程序中的甲公司申报债权，前提就是 A 公司与 B、C 公司之间的合同（即债权债务关系）合法有效。从民法上来说，抵押权为担保主债权而存在，如果主债权消灭，那么抵押权也随之消灭。

而经过上述分析，如果我们可以得出 A 公司与 B、C 公司之间签订的"走单走票不走货"合同确实合法有效，从辩护的角度来说，这至少意味着，A 公司并没有以违法无效的合同来冒充合法有效的合同,从而骗取甲公司为其设定抵押担保并在甲公司破产程序中申报债权。这是一个非常有效的辩护。

但是,即使A公司与B、C公司之间所签订的销售合同合法有效,并不能绝对排除A公司行为构成诈骗的可能性,上述辩护意见仍然没有系统和彻底地解决本案中的诈骗罪的行为评价问题。A公司的行为是否构成诈骗罪,还是应当回到诈骗罪本身的行为构造,并结合本案的相关事实进行分析。刑法学理通常认为,诈骗是指行为人虚构事实或隐瞒真相,致使对方陷入认识错误,对方由于认识错误而处分自己的财产,并因此遭受财产损失的行为。

第一,应当判断该案中A公司是否具有所谓虚构事实、隐瞒真相的行为。如果A公司与B、C公司签订的是"走单走票不走货"的合同,那么意味着A公司虽然没有实际货物交付行为,而对外宣称已经交货。显然,这里存在"弄虚作假"的情况。但是,这一事实意义上的虚假行为,并不能直接与诈骗罪中的"虚构事实、隐瞒真相"等同起来。因为诈骗罪是一种沟通型犯罪,从实质上来看,如果欺骗行为的内容不是使对方做出财产处分的行为,正如上午邹兵建老师所提到的,那么仍然不属于诈骗罪意义上的欺骗行为。

就本案来说,财产处分行为应当是甲公司为A公司债权实现设定抵押担保的行为。因此,问题关键在于,要判断A公司行为是否构成诈骗罪中的欺骗行为,就要仔细审查,甲公司同意为A公司相对于B、C公司的债权实现设定担保的行为,行为的前提和对价条件具体是什么?为什么可以为它设定这样的抵押?但是，在目前的案情介绍中，尚难以获得这些关键性的信息。如果证据表明，A公司是否实际交货，以及A公司与B、C公司具体以何种形式实际履行合同，对甲公司同意和决定为A公司债权实现设定抵押权并不产生实际影响，那么即使A公司在没有实际交货这一事实上存在对外的欺骗行为，也并不构成刑法意义上的诈骗行为。又或者，如果甚至有证据表明，甲公司负责人一开始就知道A公司和B、C公司之间销售合同的实际履行模式，那么更难以表明这里有诈骗意义上的欺骗行为。

第二，原则上，如果能够证明A公司并不存在刑法诈骗罪意义上的欺骗行为，行为审查就可以至此结束。但是，退一步说，即使我们假定A公司的欺骗行为成立，甲公司是否因为A公司的欺骗行为以及自己被骗而遭受了财产损失，同样值得进一步审查。

在本案中，如果甲公司存在财产损失，那么应当是由A公司隐瞒了实际未交货这一事实，导致了甲公司为A公司的债权而实现抵押权。但是，实际上这一因果链条很难在本案中被证明，至少从现有的案情介绍中难以看出这一点。A公司与B、C公司虽然签订的是"走单走票不走货"的合同，没有实际的货物交付，但是一方面这一合同在法律上合法有效，其法律效力、债权实现、债务履行都具有制度性的保障。另一方面，A公司对B、C公司之间"走单走票不走货"的实际履约形式，与A公司债权的实现可能性是否具有因果联系，目前的证据难以证明。换言之，B、C公司出现付款不能，无法履行债务，从而甲公司需要为A公司的债权实现抵押权，和A公司与B、C公司之间是否走货，有没有领取与被领取的关系，也是难以证明的。所以 A 公司所谓的欺骗行为和甲公司的损害之间的因果关系还需要进一步证明。

所以想强调一点，这个案件中 A 公司和 B、C 公司之间的合同关系是否有效可能只是问题的一个侧面，问题关键还是要回到 A 公司对于甲公司诈骗的构造、要素上去审查，不然可能会被带偏到审查合同是否有效的方向上来。

这是我简短的评价，谢谢大家。

主持人：劳东燕

王华伟博士以非法占有为目的作了逻辑严谨、环环相扣的分析，令人印象深刻。接下来有请第三位评论人，杭州市余杭区人民检察院检察官李剑。

评论人：李　剑

诈骗这个罪名对应的案子刚好是我们第一检察部办理较多的案件。作为实务部门的基层工作人员，在日常实务中，的确接触到了很多这种类型的诈骗案件，也遇到了很多难题。包括今天上午讨论的"一元夺宝"案件，其实在余杭也存在一模一样的"一元木马"诈骗案件：行为人给被害人发送一个链接说明只付 1 元，但实付 1 万元。这个案子到底定为盗窃还是诈骗，当时也邀请了浙江大学的老师到检察院进行探讨。这个案子最终主要参考了最高人民法院的指导案例，以盗窃罪诉到余杭区人民法院，余杭区人民法院也是以盗窃罪定罪判决的。听了前面各位专家的发言，我又有点困惑了，原来这里还有定诈骗的可能。但是我们知道盗窃和诈骗定罪的金额在实践中是不一样的，定性直接决定着犯罪嫌疑人是否入罪，对于学者来讲可能是一个理论的观点，但是对于实务而言是一个罪与非罪的问题。所以我们实务界的工作人员，很希望能有个确定的答案。

这个案子有三个方面值得讨论，第一个方面是基本事实的认定；第二个方面是实务上的关注要点，特别是在取证方面需要公安机关去花精力侦查的点；第三个方面是罪名适用问题。

第一个方面，基本事实认定问题。我拿到的案情介绍跟今天听到同学辩论中所概括出的事实有差别，我还是以书面的为准。根据公安机关撤案的理由，第一点是认为，本案 A 公司与 B、C 公司不存在不走货的情况。结合案情介绍，A 公司经营模式是从 D 公司采购钢材然后卖给 B、C 公司，这种交易模式中支付货物的方式是一种转移凭证的方式。在我看来，如果的确存在凭证的转移，实际上可以认为是一种民事法律关系上的货物交易。如果事实如此，交易本身有合同、有货物，就不能认为是一种虚假交易。如果没有虚假交易，那么我觉得就不成立诈骗罪的行为方式了。第二点，6 000 万元对应的最后一期货物在 B、C 公司收货之后 B、C 公司付款不能。此处用词是"收货"，收了货支付不能，对于这个最高额的担保合同，向甲公司主张债权，也是完全有合同、有货物的交易的，所以我基于此案件阐述看不出有虚假的成分。控辩双方的辩论，集中在某些行为方式是否存在欺骗性成分上，这也是实务中比较难的点，即如何区分带有一定欺骗性质的民事欺诈行为与刑事诈骗行为，有些民事法律行为有一定欺骗的性质，但要进一步论证有非法占有的故意，这在证据上是无法进一步推导的。这种情况下诈骗罪的认定其实是有些缺陷的。

现在的诈骗案越来越难办。最难办的两点，一是民事欺诈与刑事诈骗的区分，二是非法占有故意产生的时间点。区分诈骗和侵占的点就在于非法占有故意产生在取得财务前还是取得财物后，而这个点如果行为人拒不承认，说拿到财物才想要非法占有的话，则要通过客观事实和行为去推定，在实践中是非常困难的，这也是我们处理案件时觉得最困难的一点。我们希望立法上能够作出更详细、更明确的规定。

第二个方面，公安机关在预审或者后续侦查过程中，要继续调查是否构成刑事诈骗时，应该着重侦查：签订最高额抵押担保合同时有没有非法占有的故意，并在故意支配下作出行为；如果那时没有非法占有的故意，那么在最后一期时是否产生了这个故意？行为方式上最后一期6 000万元的交易与前期正常的交易有没有区别？如果有区别，那么是否可以从行为方式上面推出，前面是正常交易，后面产生非法占有的故意？还有就是转移货权凭证到底有没有转移，凭证转移是否对应了货物？通过细节点的侦查来确定这个案件到底是诈骗还是有瑕疵的民事交易。这是我认为包括辩护人、公诉人处理案件时应当结合构成要件进一步关注的点。

第三个方面，罪名认定问题——是诈骗还是合同诈骗的问题。控辩双方，一方是以诈骗来说的，另一方是以合同诈骗来说的。其实诈骗与合同诈骗，对应着定罪量刑，也是公诉人以及辩护人在实践中比较关注的点，因为这两个罪名的构罪点、量刑档次不同，辩护人往往会采用把诈骗辩护成合同诈骗来降低量刑。所以我们在看待这些案件的时候应该着重区分这两个案名。但是目前实践中区分这两个罪名越来越难，特别是在当前网络无处不在的情况下。暂且不说那些合同诈骗和诈骗都有的非法占有目的和虚构事实，我们以往区分这两个罪名最好用的手段：第一个是看有无合同？第二个是看有无扰乱市场经济秩序？判断扰乱市场经济秩序还要看是大量行为还是一个行为。如果是一个行为人的单独的交易，那么我们认为这并没有扰乱市场经济秩序，我们可能以诈骗罪来定罪量刑。但现在有所不同，因为以往一个自然人只能发生一笔交易或者几笔交易，但是在现在网络发达的情况下，一个自然人可以通过一个网络账户短时间内产生大量交易。我们也有很多此类案件，利用一个账户在网络平台上进行大量的虚假交易来诈骗，金额非常高，这样的案子法院都是以合同诈骗来判的，但是现在也在思考法院这样的判决到底对不对。因为虽然从形式上看网络交易的确有合同，哪怕从淘宝上买一个普通的货物也有合同；在网络环境下产生大量合同之后势必扰乱了市场经济秩序，那么是否就可以定合同诈骗呢？这样的案子以合同诈骗来定似乎也不合理，因为嫌疑人本身就是采用了恶意注册的账号，在明确地想要薅羊毛或者诈骗网络平台金额的主观故意下实施这些行为，如果说这是合同诈骗，总觉得有些放纵犯罪的味道。所以我也是抛砖引玉，希望大家能够关注这个点——网络环境下合同诈骗与诈骗的罪名区分与适用问题，希望能够给我们实务界一些指导。

主持人：劳东燕

谢谢李剑检察官。刚刚她特别强调了事实与证据问题。我们也会发现，包括本案中以及类似案件中，事实与证据问题都会直接关系到法律适用，包括非法占有目的的问题，包括本案中欺诈行为的问题。我们在实务中可能往往把如何区分民事欺诈与刑事诈骗作为话题讨论。我觉得诈骗行为不能这样泛泛去确定，其实应该回归诈骗罪的法益是什么、构成要件是什么，显然欺骗行为内容必须使得对方作出财产处分，才有可能是诈骗罪的欺诈行为。

下面进行自由讨论，请江溯老师主持。

三、自由讨论

主持人：江　溯

自由讨论环节我希望首先有一些律师朋友参与讨论，然后再请几位专家学者进行讨论，大概25分钟时间，希望实务界的朋友能够踊跃地发言。

嘉　宾：丁一元

主持人好，我是来自盈科所广州分所的刑事部主任丁一元，我看过本案的案卷，我认为刚才讨论这个案子，有些问题还没有交代清楚。这是一个供应链经营模式，现在很多国企，包括上市公司都有这种情形。A公司相当于资金方，贷款给下游公司，下游公司其实不是向A公司采购，它向上游公司采购，上游公司、下游公司、A公司还有甲公司四方组成闭合链，其中还牵涉到走票、走单、虚开增值税发票等情况。开票之后才能签订合同，才能放款，由A公司放给上游公司。在本案中，A公司在放款后债权得不到实现的情况下，也就是下游公司不能及时归还给它的时候，它向甲公司去主张它的抵押权，申报债权实现抵押权。

这里有没有诈骗的故意呢？有人认为这个合同是虚假的，没有真实的交易；虽然如此，这里存在一个关键点，甲公司为什么会给A公司提供抵押担保？甲公司应该是属于明知的，甲公司与下游公司之间是有紧密关联的，可能甲公司的实际控制人就是下游公司，所以甲公司才愿意给下游公司担保。当下游公司资金无法回笼，无法履行清偿义务时，A公司主张抵押权，我认为这是民法上保护自己权利的一种措施。

下游公司来诈骗A公司，它把钱骗到手后，经营不善无法偿还，甚至提供虚假的商业承兑汇票、银行承兑汇票给A公司。我看今天讨论的很多内容，好像不太聚焦，只是在表面上谈论合同是不是虚假的。A公司为什么要借钱给下游公司？它是有获取利差的，就像银行一样，这是很多公司经营中都普遍存在的模式，即供应链经营模式，表面上体现出来是虚假的，属于刑民交叉。我的观点是，这种问题要判断其本质，甲公司、下游公司、A公司本来就是串通一气的。

主持人：江　溯

在这个案件的案情中，似乎没有证据能证明他们是串通的。

嘉　宾：丁一元

有所反映，在辩护词里面有写到一些。

主持人：江　溯

辩护词是辩护律师的看法。

嘉　宾：丁一元

因为把这个案件概括得太基础了。我甚至认为2014年最高人民法院判定合同下的货物实际已经收到是错误的判定，它们之间根本没有实际交易货物，不可能实际交易货物，A公司与下游公司就是一种融资行为。

主持人：江　溯

您刚才说我们前面的讨论不聚焦，我想知道一下您对这个案子的看法。

嘉　宾：丁一元

聚焦的话，就是看甲公司、A公司以及下游公司它们之间是不是明知的，现在我们很多人好像都认为甲公司就是受害单位，A公司去申请债权公告要变现是去骗甲公司的钱的行为，导致了甲公司的实际受损。现在侦查机关也搞不清楚,有时候就看表面情况,如果合同是虚假的,没有实际的货物交易,就构成诈骗。我认为这里面或许有其他的犯罪,比如虚开发票等,但是并不构成诈骗罪。

主持人:江　溯

谢谢您!听了您的发言之后我觉得更不聚焦了。我们再请一位实务界的律师朋友来给我们聚焦一下。

提问人:佚　名

我认为我们今天讨论的重点,第一点是民事上可撤销的欺诈行为、合同诈骗行为以及诈骗罪之间是什么关系。从合同诈骗罪的犯罪构成来说,以非法占有为目的,虚构事实,无论是民事上可撤销的行为、合同诈骗行为,还是后面的诈骗犯罪,都具有这一点。那么我们今天如何区分它们?"以非法占有为目的"中的"非法"怎么理解?民事交易是要谋取钱财,合同诈骗也是要谋取钱财,诈骗罪更是要谋取钱财的,这个"非法"怎么来界定?

第二点是"虚构事实",虚构到什么程度是民事上可撤销的欺诈行为,什么程度构成合同诈骗,什么程度是诈骗罪?现在很多互联网诈骗罪,如刚才检察官提到的,在认定时很多是看合同的,大多数情况下是纸质的、有形的合同,也有一些交易是无形的合同、事实合同。那么按照这些标准,如何区分?犯罪行为中的"谋取钱财"和我们一般可撤销的民事行为中的"谋取钱财"怎么区分?我们通过案例来讨论这些问题,才是对实务有意义的，我觉得这些应该是我们讨论的焦点，谢谢！

主持人：江　溯

谢谢！我们刚才请了两位实务界的朋友来谈对这个案件的看法，现在请两位学术界的同仁来分析点评这个案件。

嘉　宾：邓毅丞

各位好，我刚才听了这个案例感觉很有意思。案件聚焦在诈骗罪的构造，再聚焦后的争议点就是民事欺诈和诈骗罪的区分。我对诈骗罪的研究还不是很深入，但是目前我觉得还是应该像刚才劳老师说的那样，围绕诈骗罪的构造进行分析，在诈骗罪的构造中会涉及民事欺诈和诈骗罪的区分。

第一，诈骗罪和欺诈行为都会引起对方的错误认识，并因此错误认识而处分财产，而被害人被害的程度与陷入错误认识的程度有很大关系，就是说这个错误到了什么程度能够达到诈骗罪的标准。按照目前比较流行的说法，要达到法益关系错误，要考察本案中有没有达到这样的程度。

第二，两者的区分还涉及财产损失的问题。因为在民事欺诈当中往往会涉及表见代理或者外观成立理论，关于表见代理，我问了一些研究民法的同事，他们认为如果是构成表见代理，一般不会被认为是欺诈，因为如果能够构成表见代理，肯定按照表见代理来进行权利主张会更容易。也就是说，表见代理和民事欺诈的关系是对立的。但是在刑法当中，财产损失的判断和表见代理的关系往往又是比较模糊的，即使在表见代理的情形下，受到财产损失的是哪一方，可能会决定因欺诈所受损失的主体问题，进而决定诈骗罪中的财产损失要件能否成立。

第三，民事欺诈涉及的主观因素与诈骗罪中的非法占有目的可能会有一定距离。我们在认定民事欺诈时，不会去判断欺诈一方有没有非法占有目的，但是在刑法中诈骗罪往往会以非法占有目的作为主观要件。

嘉　宾：简　爱

谢谢主持人、刚才提问的实务界前辈，以及邓老师。在很长一段时间内，我们在研究民刑关系时，发现实务界非常关注案件的定性，就是这个案件到底是民事欺诈还是诈骗罪，我们将其视为彼此对立的关系。今天听了各位评论人的报告，包括南京大学同学的发言，他们都很明确地提到一点，就是该合同的效力和犯罪行为之间并没有直接的关联性。要理解这一点，必须在民事法的体系中理解，同时要注意相关司法解释已经发生了变化。

传统观点认为，缔结合同中的刑事法律关系和民事法律关系是可以互证的：如果一个行为是犯罪行为，这个行为涉及的民事合同就是无效的；反过来，如果合同被认定为有效，我们就不应当将缔结合同中的行为认定为犯罪。因此，合同效力和刑事违法之间存在牵连关系。

由于《最高人民法院关于适用〈中华人民共和国合同法〉若干问题的解释（二）》这一司法解释在2009年出台，《合同法》第52条之（五）"违反法律、行政法规的强制性规定"的合同无效中的"强制性规定"被限定为"效力性强制规定"。刚刚王华伟博士也提到了，现在的观点是，合同有效与否应该考虑该合同是否违反效力性强制规定，而不是只要违反了强制性规定就一律无效。现实中很多的关于行政犯罪以及关于金融秩序犯罪的规定，是一种强制性的管理性规定，那么可以说，即使合同是有效的，但是在刑事上涉嫌犯罪这个逻辑是贯通的。这是近年来实务立场上的一个重大变化。刑法也需要了解民法、行政法的相关知识，但是立场与视角还是要回到刑法的判断上来。

我非常赞同劳老师的观点，就是我们在解释这些问题时，之所以还有这么多的疑问、对此间的关联性不理解，可以说是因为我们的根基不稳，就是说我们没有把相关的构成要件以及构成要件要素之间的关联性搞清楚。对于所谓法秩序的统一性，我们在以前是存在误解的。我们在讨论一个行为是不是犯罪的时候，更多的还是要明确相关的构成要件，以及相关要素的解释的立场。

实务界的同仁可能会反驳，如果按照这一观点，案件就被局限在刑法范围讨论了。我认为，这是一个非常理性的看法，比如我们现在很多时候是依据数额来判断是否达到犯罪标准，但是这里有一个不可靠的地方：随着时代的变化和居民收入的提高，相关财产犯罪定罪量刑的标准也在不断变动，变动的依据就是民事上的损失数额。虽然这个标准可能并不合理，但是至少有这样一个标准在进行控制，它体现了在一定时期、一定生活范围之内对犯罪圈的控制。相关的种种疑问，我觉得回归的方法是考察民法上、行政法上的规定，弄清楚其与刑事法规政策之间的关联性，最后站在刑法的立场上来进行分析判断，而不是完全遵从民法上的判断。这个观点可能与我的研究方向相关，即刑法应当尽可能独立判断。

主持人：江　溯

简爱老师谈了很多民刑关系、民事欺诈与诈骗罪的区分，但是你对这个案件的看法是什么？本案是否构成合同诈骗罪或者诈骗罪？

嘉　宾：简　爱

我本来计划评议的是下个案例。根据大家刚才的汇报，这个案例我倾向于是不构成犯罪的。思路基本上与王华伟博士一致，具体的内容我可能要拿到案件细节材料再作分析。

嘉　宾：车　浩

这个案例主要是世阳老师和盈科所的律师提出来的。案件说复杂也复杂，说简单也简单，大家刚才谈论了很多民事欺诈和诈骗罪的区分，其实在理论上我们都明白，不是所有带有虚假成分的交易都会被纳入诈骗罪的范围当中。关键在于哪些是，哪些不是。这个案子毫无疑问带有虚假的成分，比如"走单走票不走货"，但这是不是认定本案诈骗罪的关键要素？我提供一个立法例，大家一听可能就清楚了。

刑法上明明白白有两个罪名，一个是贷款诈骗罪，一个是骗取贷款罪。这两者有什么区别？骗取贷款罪法条上说得很清楚，用欺骗手段骗取贷款。因此用欺骗手段骗取贷款不是贷款诈骗罪，也就不属于诈骗罪，实际上而带有某种民事欺诈的性质，但是被立法者单独拟定为一种犯罪，它的量刑比贷款诈骗罪要轻很多。这两者的区别在于，虽然行为人在骗取贷款时用的材料是假的，有可能提供的担保是假的，但是行为人还是想要还这笔贷款，具有履行意愿与履行能力，为使银行放贷，行为人造了这些假材料。相反，如果行为人没有履行能力与履行意愿，那么就归到贷款诈骗罪当中。

根据这个区别，本案其实是一个没有被立法者设定的"骗取担保罪"，如果我们认为是在担保过程中的诈骗罪，那么就相当于"担保诈骗罪"。本案的情形恰恰不属于"担保诈骗"，还是属于"骗取担保"。什么情况构成担保诈骗呢？比如你们双方签订了合同，我来做担保，但实际上你们两个就如同在"贷款诈骗罪"中一样，根本没有履行意愿和履行能力；你们只是签了一个假的合同，让我以为你们真的要履行，然后我给你们提供了担保，最后你们通过法院来执行我的财产，这个是诈骗罪。现在要认定你们之间存不存在交易，关键不是看有没有"走单"，而是看你们之间有没有履行意愿。在正常履约过程当中，中间的 A 公司向上游公司提供款项后，肯定要问下游公司要的，这个合同如果已经履行过好几回的话，从事实自然的状态上讲，它们之间存在事实意义上的债权债务关系，且之前也履行过，这就足够了。至于它们为了遮蔽这些而虚构出的"走单走票不走货"等，就犹如在"骗取贷款"场合提供虚假材料一样，并不能由此得出两者之间真实状态下的债权债务关系就是假的，是没有履行意愿、没有履行能力的。除非有证据能够证明，本案当中的 A 公司和下游公司之间从来就没有发生过这些事，但只要在实质上存在借贷关系，那么也是真实的借贷关系，它们只不过是以贸易之名掩盖了借贷关系，是掩盖就说明真实存在借贷关系，就是有履行意愿与履行能力，就不可能是为了骗取担保，就构成以虚假材料来"骗取担保"，但是刑法上并没有设立"骗取担保罪"。从这一点上来看，本案不可能构成诈骗，这是我的看法，谢谢！

嘉　宾：陈兴良

这种类型的案件很多，但是这一案件是比较特殊的。提供担保的甲公司指控 A 公司诈骗，就像车老师说的，如果是诈骗，那么就是"担保诈骗"，利用担保来进行诈骗。在这个案件当中，案涉公司之间实施名为交易买卖但实为融资的行为，"走单走票不走货"，暂且假定是真实的，交易本身确实是这样的，是为了融资，是为了规避原来法律规定的企业之间不得拆借的行为。甲公司为它们之间的融资提供了担保，现在甲公司说，A 公司手上有 1.8 亿元债权，其实是上游公司欠的，但我们也不知道上游公司与其他公司之间有没有串通和共谋。甲公司认为，你们之间"走单走票不走货"，是虚假交易，是诈骗；虽然交易是虚假的，但融资是真实的，欠的钱也是真实的，所以虽然名义上是虚假交易，但是事实上主体之间仍然存在法律关系，只不过真实的法律关系并不是甲公司所担保的货物买卖的法律关系，而是一种变相的融资关系。

因此我认为，虽然这个交易在名义上是虚假的，但是存在实际的内容，A 公司确实不构成诈骗。甲公司当然也可以不履行这个担保责任，因为甲公司是为货物买卖关系担保，既然没有这个关系，而甲公司对融资关系又没有提供担保，那甲公司就可以免除担保责任。因此 A 公司还是要去向债务人主张它的债权，不能要求甲公司来返还。大概就是这样，谢谢大家！

主持人：江　溯

自由讨论环节是我自己没有把握好，还好有陈老师和车老师。我想对我们青年刑法学者发表一点感想。就像陈老师和车老师，他们在分析案件的时候，是非常密切地结合案件的事实来分析的。而刚才两位发言人，因为你们比我小，所以我可以批评一下，你们讲的理论当然都是很好的，但是希望以后在分析案件的时候，能够更好地结合案件的事实、法律以及法理三者，把它们更好地融合在一起来进行分析，这样可能会更好。

案例二
焦某涉嫌虚假交易盗窃案

主持人：张　奎（人民法院出版社编辑）
　　　　何荣功（武汉大学法学院教授）
控　方：浙江大学光华法学院学生
辩　方：南京大学法学院学生
评论人：简　爱（中央财经大学法学院副教授）
　　　　时　方（中国政法大学刑事司法学院副教授）
　　　　梁　健（浙江省高级人民法院刑一庭副庭长）
　　　　陈兴良（北京大学法学院教授）

一、模拟法庭辩论

主持人：张　奎

接下来我们进入实务案例单元的第二个案例：焦某涉嫌虚假交易盗窃案。这次由浙江大学光华法学院学生担任控方，南京大学法学院学生担任辩方。下面有请盈科所朱卫永律师作案情简介。

（一）案情简介

嘉　宾：朱卫永

这是一起贵金属交易案件，一审判处盗窃罪，三名被告，包括两名公司股东和一名公司员工（操盘手），都被判处了有期徒刑十年。二审改判为诈骗罪，两名公司股东被判处六年有期徒刑，员工被判处一年六个月有期徒刑。

下面简单地介绍一下案情，其实这个案件就是两名股东想找一个项目去赚钱，先成立了一家所谓的"创富公司"。公司成立后，到深圳买了一个软件，这个软件是一个虚拟的平台，和大盘之间不存在联通。之后，就开始招揽相应的客户到这个虚拟平台上进行贵金属交易。客户的操作和买股票是类似：在平台上注册相应的账户，然后将自己的银行卡与这个账户绑定，再把钱汇入这个账户中。公司把客户的账户与股东名下的"财付通"账户绑定，该"财付通"账户和公司平台账户是关联的，也就是说一旦客户把钱打入平台账户中，客户的钱实际就到股东所控制的账户中去了。

平台上会显示各种与贵金属交易有关的数额，客户可以像买卖股票一样，在平台上进行操作。如果客户买涨，行情也是涨的话，那么客户账户显示的数额就是赚了；如果客户买跌，行情是涨，那么客户账户显示的数额就是跌了。为什么说这个平台是虚拟的呢？因为这个平台并不和真实的大盘相关联，其他人可以私自在背后进行操控，两名被告人完全可以在后台对平台上显示的曲线进行调整，也可以对它的数据进行调整。如果今天有10名客户买涨，5名客户买跌，那被告人就把曲线操作成跌的，保证自己在整个操作中是盈利的。因此，绝大部分客户在平台上进行交易是不太可能赚钱的，十有八九都是要亏损的；但是唯一出现一个神奇的王某，不管平台后台怎么调整，不管曲线怎么变动，总能赚钱。王某总计"入金"89万元，盈利了数十万元，"出金"47万元。2014年10月18日，王某的账户显示还有71万元，这时王某想要换一个平台进行交易，就想要提现，所以在平台上提交了"提现申请"。如果是按照公司原来正常规则的话，员工确认客户的提现申请后，股东再把自己控制的银行账户的钱打到"财付通"账户中，平台就可以把钱返还到客户实际的银行卡中。

但是71万元的提现，对于这两名股东来说是"灭顶之灾"。所以他们选择伙同操盘手，用自己的主账户进入客户的账户中，不停地进行"买进"和"卖出"操作，通过一夜的"奋斗"，终于把账户里的71万元变成4万元。客户王某就觉得不对，为什么过了一晚上账户里的钱就变少了？于是和平台交涉，表示自己的账户发生了异常。这三人伪造了一个IP地址发给客户，表示自己的平台受到了攻击，平台的损失比王某更大，为了弥补，平台愿意出6万元请求王某谅解。客户接受，并且谅解了，表示不再追究责任。后来客户怎么想都不对："我的钱哪儿去了呢？"于是在长兴当地公安局报警，这三人于是落网。以上就是案件的基本事实。

检察院指控认为，本案被告人利用后台"刷单"的形式，将被害人在该公司个人账户内用于投资的资金虚假买卖 30 余次，将被害人王某账户内显示的 71 万元，除留下的 4 万元以外，余款以手续费的形式转到了公司账户，本案的被告人构成盗窃罪，盗刷金额为 67 万元，由于数额特别巨大，应判处十年以上有期徒刑。

  本案在一审阶段，公诉人以及除了我以外的其他辩护人都认为构成盗窃罪，长兴县人民法院判了十年，而且非常诚恳地告诉我们，他们实在想轻判，但是轻判不了。二审时，出庭的检察官在听取了辩护人的意见后，认为这个案件应该是一个典型意义上的诈骗罪，所以在出庭时已经赞同了辩护律师的意见。最后法官也认定构成诈骗罪。

  本案的争议焦点，我们认为是被害人王某财产的转移是否是基于其个人的处分行为？是只需要狭义地去看待这个盗刷行为，还是需要去宏观地去分析整个虚拟平台？一旦客户的资金进入平台账户中，客户的钱其实已经到了被告人的账户，客户已经丧失了对其款项的控制权。所以律师提出的辩护思路也非常简单：被害人失去资金支配权的时间是在其投资开始之时，也就是把钱打入由被告人控制的"财付通"账户的时候，被告人"盗刷"的行为仅仅妨碍了被害人王某的"出金"请求权，而本案中的"出金"请求权与资金的支配权完全不等同。简单地说，被害人王某将钱打到"财付通"账户的时候，就丧失了对资金的控制权。王某账户上显示的资金数额仅仅是一个虚拟的数字。本案的数额应该按照连环诈骗的方式来计算，按照投资人的"总入金"减去他的"总出金"，所以最后金额降到了 40 多万元，低于浙江省50万元以下的量刑标准,有期徒刑变成了十年以下。现在三名被告人已经刑满释放了。对于一审案件评析的结果,我们认为,辩护人应该宏观地去看待整个案件,宏观的思维格局非常重要,而不应当局限于案件的某一片段、某一刹那的行为,所以我们应当跳出司法机关的固有思路,全方面地来思考这一案件。

(二) 控辩双方陈词

主持人:张　奎

下面进行对抗演练的第一个环节,由浙江大学光华法学院学生作为控方代表进行意见陈述。

控方:浙江大学光华法学院学生

根据《刑法》第264条的规定,公诉方认为被告人霍某、焦某、王某举犯盗窃罪。鉴于本案案情较为复杂,公诉方认为可将本案分为三个主要阶段分别分析,具体分述如下:

第一阶段,霍某与焦某二人于2014年9月,共同设立创富贵金属投资有限公司(以下简称"创富公司"),但该公司并未进行登记注册,也不具备交易贵金属的合法资质。创富公司对外以贵金属投资的名义,通过代理商介绍客户,客户通过网银将钱打入创富公司指定的"财付通"账户内,随后客户所打的金额就会出现在平台的账户之上。

第二阶段,霍某等人不满足于收取手续费,为谋取不法利益,通过后台私自上下调动贵金属价格,产生某种类似汇率的效果，以此来实现赚取其中的差价，达到客户亏损、平台收益的非法目的。

第三阶段，霍某等人因公司资金运转困难，密谋采用后台"刷单"的形式，将被害人王某账户内的资金从70余万元减少为4万元，造成被害人巨大的财产损失。

公诉方认为，霍某等人在第一阶段仅成立民事上的欺诈行为但并不构成诈骗罪；但在第二、第三阶段，霍某等人的行为构成刑法上的盗窃罪。公诉方对本案的各阶段均采用了鉴定式案例分析方法进行分析，但是考虑到本次发言的篇幅限制，以下发言将不再赘述案情中无可争议的事实，而聚焦于各阶段达成结论的核心部分。

在第一阶段，公诉方认为焦某等人仅构成民事意义上的欺诈，而并未实行刑法上的诈骗行为，主要原因有二：

第一，焦某等人的行为并未造成客户财产的实际损失，客户因为焦某等人的欺骗行为产生了错误的认识，误认为创富公司为具有合法资质的贵金属交易公司，并将其资金汇到平台账户上，但是客户在注资的同时也取得了一个相应的债权，其外观表现为平台上的账面余额，该交易模式类似于民法上自然人将资金存入银行，银行取得金钱所有权的同时，自然人也取得相应的债权。因此不难发现，虽然客户等人因为焦某等人的欺诈行为陷入了错误的认识，并基于该错误的认识作出了错误的意思表示，但是在本阶段客户并未遭受实际的财产损失，不符合诈骗罪中财产减损的结果要件。

第二，焦某等人并不具备非法占有的目的，非法占有的目的是指排除权利人,将他人的财物作为自己的财物进行支配,并遵循财物的用途进行利用、处分的意思,一般认为由排除意思与利用意思两方面构成。在第一阶段,霍某等人的行为只是为了获取客户的信任,从而使客户在"创富贵金属平台"上进行投资,然后靠客户在交易时支付的手续费来赚钱,以此达成霍某与焦某一开始"好好经营,合法赚钱"的目的。但是对于客户投入平台的资金,创富公司的"出金"机制也体现了霍某等人的返还意思,因此霍某等人不具有非法占有目的。综上所述,应当认定霍某等人在第一阶段仅成立《民法典》第148条所规定的欺诈行为,而并不构成诈骗罪,投资者可以通过民事途径维护其相关权利。

但是在第二、第三阶段,霍某等人的行为构成了刑法上的盗窃罪,根据《刑法》第264条的规定,盗窃罪的行为对象是公私财物,由在德国刑法界居于通说地位的法律经济财产说可知,任何法秩序认可的具有经济价值的有体财物或者财产性利益都可以构成财产罪意义上的财产。因此公诉方认为,在本案中,霍某等人的盗窃行为的对象为部分客户的债权,至于霍某等人的盗窃行为在第二、第三阶段则有不同的形式,具体分述如下:

在第二阶段,霍某等人在客户完全不知情的情况下,直接在"创富贵金属平台"的后台上下调动贵金属价格,导致大多数客户的账面余额及债权数额有所减少。诚如霍某在询问中所言,调动汇率的手段本质上是"我们盈,客户亏",创富公司通过这一行为将客户享有的债权置于霍某等人的非法控制之下。

而在第三阶段,霍某、焦某指示公司员工王某举直接在创富公司后台将王某的钱"刷掉",同样可以认为是将王某享有的债权置于行为人的非法控制之下,使得被害人王某的账面余额减少了68万余元。

霍某等人通过上述行为调整了汇率、刷单,然后使得本属于客户的部分债权与其相应的债务归属于创富公司,发生民法上的混同现象,使债部分的关系消灭,在达到创富公司免除债务、谋取不法商业利益的同时,也使部分客户的财产利益遭受损失,侵害了部分客户的财产法益。

综上所述,应当认为,霍某等人基于故意实施了盗窃行为,并以该行为实现了被害人王某及其他客户财产受损这一法不允许的风险,实际造成了被害人财产法益的减损,构成了刑法上的盗窃罪。在后两个阶段,王某等被害人对自身财产的损失完全处于被动的地位,属于盗窃行为的被害人。此外,在第三阶段,案卷的多份材料均表明,霍某与焦某共谋并决定指示王某举以刷单的行为减少被害人王某的账面余额,并且共同分享了最后的犯罪收益,在共同犯罪中系主犯,应当按照参与全部犯罪事实进行定罪处罚;公司员工王某举因参与本阶段的刷单行为,在共同犯罪中起次要作用,系本案的从犯。

综上,公诉方认为,被告人霍某、焦某、王某举以非法占有为目的,秘密窃取他人财物,数额特别巨大,其行为已经触犯《刑法》第25条第1款、第264条之规定,犯罪事实清楚,证据确凿充分,应当以盗窃罪追究其刑事责任。

谢谢!

主持人：张　奎

下面由南京大学法学院学生代表辩方进行意见陈述。

辩方：南京大学法学院学生

作为被告人焦某的辩护人，我方对于公诉人所指控的被告人焦某犯盗窃罪的定罪及量刑均有不同意见，现发表如下辩护意见。

公诉人将本案事实分为三个阶段，辩护人并不完全赞同，因为第一个阶段客户"入金"的行为与第二个阶段被告人调动贵金属价格的行为是交叉一体的。也就是说客户"入金"之后，被告人可以调动价格，调动价格之后客户还会继续"入金"，而不是说之后客户就不再进行"入金"行为了，所以我们认为这里并不存在截然分明的先后关系。但是针对公诉人的控告，我们还是采取公诉人三个阶段的划分方法展开辩护，主要是针对被告人的行为不构成盗窃罪来发表意见。

第一，我们认为，被告人在公诉人所说的第二阶段的行为，也就是在后台调动贵金属价格的行为不构成盗窃罪。公诉人说，霍某等人在"创富贵金属平台"的后台上下调动贵金属的价格导致了大多数客户的账面余额减少，因而构成盗窃罪。我们认为，这是公诉人错误理解了创富公司虚假交易平台的运营模式，因为客户用自己账面上的余额购买贵金属后，被告人通过后台调动贵金属的价格，客户账户上的数额并不会变化，只有当客户决定继续持有这个贵金属或者抛售这个贵金属的时候，他的账户上的金额才可能有所变化；而单纯的调价格行为并不会发生如公诉人所说的债权转移，因此它不符合盗窃罪的构成要件，所以我们认为被告人在这一阶段的行为不会构成盗窃罪。

第二，被告人在公诉人所称的第三阶段，盗刷被害人王某账户余额的行为也不构成盗窃罪。公诉人认为，霍某、焦某等人指使王某举在创富公司的后台把王某的钱"刷掉"，可以认为王某的债权置于霍某、焦某的非法占有之下而构成了盗窃。辩护人认为，公诉人将本案中王某对创富公司享有的债权作为盗窃罪的行为对象是错误的，而且本阶段也没有发生所谓的债权占有的转移。

首先，辩护人认为，盗窃罪的行为对象应仅限于狭义的财物，不包括财产性利益，当然这是一个极具争议的问题。我们认为这个极具争议的问题不能作为定罪的理论依据。对于这一问题，张明楷教授、黎宏教授持肯定说的观点，但是刘明祥教授、车浩教授、姚万勤老师等持否定观点，今天车浩老师和姚万勤老师都在现场。如果把刑法理论上极具争议的学说贸然用来指导司法实践，并将其作为被告定罪的依据，这是极为冒险的，有违罪刑法定原则和刑法的谦抑性。

其次，辩护人认为盗窃罪的构成要件决定了盗窃罪的行为对象应当仅限于财物而不包括债权等财产性利益。因为盗窃罪的行为是窃取他人占有的财物，必须具备侵害占有并拿走或者打破占有并建立新的占有的基本特征，而侵害占有或打破占有是以占有客观存在为前提条件的，占有应当具有事实与规范的二重性，只有物才以客观存在的空间与外形被人在事实上掌握或控制，也就是所谓的占有。而债权等财产性利益是人抽象思维的产物,是观念性的东西,不可能被占有,也不可能成为盗窃罪的行为对象。此外,辩护人认为,即便可以认为本案中的债权可以成为盗窃罪的行为对象,也因不存在债权的转移而不符合盗窃罪的构成要件。因为行为对象只是盗窃罪构成要件的一个要素,刚才很多老师也提到,即便不讨论行为对象,成立盗窃还需要行为本身符合盗窃行为的特征,如果不存在将他人占有的财产性利益转移给自己或者第三人占有的行为,也不能认定为盗窃。就本案而言,如果控方所说的债权是指客户对公司账户的资金所享有的债权,也就是客户直接对银行所享有的债权,那么该笔债权早已因客户充值"入金"的行为而被创富公司占有了,不可能再具有转移占有的可能性。如果控方所指的债权是因为客户"入金"而享有的对创富公司的债权,那么我们认为同样不存在债权的转移,因为被告人霍某、焦某在交易平台后台盗刷被害人王某的账户,将被害人王某账户中的余额由 71 万元"刷"到 4 万元,这只是一个逃避债务的掩饰行为,类似于债务人将欠条中的数字由 71 万元改成了 4 万元,不能据此认为债权发生了所谓的转移,因为被害人王某对被告人的债权作为一种观念上的产物它依然存在,只不过如果王某意识到自己账户数额的减少是因霍某等人操作之后,他绝不会认为自己的债权转移或消灭了,他仍会向霍某也就是创富公司主张债权,因此本案中并不存在债权占有的转移,被告人的刷单行为应当只是一种逃避债务的掩饰行为,不应当构成盗窃罪。

最后,辩护人认为被告人焦某的行为应当构成诈骗罪。其实辩护人并无义务指出被告人的行为究竟构成何种犯罪，但因为我们今天进行的是学术讨论，为了讨论的完整性，就简短地发表一下意见。辩护人认为，被告人焦某等人以非法占有的目的设立创富公司以及虚假交易平台，虚构它是正规投资平台的事实，隐瞒他们可以在后台调控贵金属价格的真相，使被害人基于错误认识处分财产，而造成了 41 万元的财产损失，构成了诈骗罪。

辩方意见发表完毕，谢谢大家。

(三) 自由辩论

主持人：下面进入自由问答，双方各有 7 分钟时间，开始计时。

控方：关于今天这个活动我们赞同辩方的意见，今天是一个学术性的讨论而不是一个庭审现场，那么我们认为辩方今天是有义务来给予我们一个观点，也就是你们认为本案到底应定什么罪名。否则的话就是将"炮火"全都引到了我们这一方。所以我想先听一下辩方关于诈骗罪的陈述。

辩方：好的，辩方将对本案中霍某、焦某的行为进行论述，我们认为构成诈骗罪的原因有以下几点。

第一，本案符合诈骗罪的客观构成要件，是用欺骗方法骗取数额较大的公私财物。关于欺骗行为，本案中焦某等人采取设立创富公司，设立虚假交易平台吸引投资人投资的行为，骗取投资人的信任，进而非法占有投资人的资金。因为在本案中，被害人王某出于错误的认识，以为这个平台是可以盈利的，进而基于处分意识，处分了他的资金，进行投资，把他的资金转移到创富公司绑定的"财付通"上的行为就构成了处分财物的行为。然而,创富公司本身就不是一个真实的盈利的平台,根据刚刚朱律师的介绍,它就是租赁了一个虚假的软件,制造了一种盈利的假象,所以他并不会产生一个跌涨的真实情况,整个数据包括他的操控都是虚假的,但是被害人没有认识到这是虚假的,所以在客观上构成欺骗。

第二,被害人王某已经产生了错误的认识。根据第一次询问笔录,他说:"我从9月22日第一次在这个软件上汇款炒贵金属,炒贵金属的行为和炒股票的性质是一样的,它与欧美亚深的大盘是联动的。"这体现了被害人错误认识,他就是觉得这是一个和外部相连接的平台。

第三,被害人基于以上认识处分了他的投资资金。投资资金从他的账户转移到创富公司绑定的"财付通"账户的过程,就是他处分财物转移占有的过程,财物最后转移到行为人本人的账户中,构成了一个基于错误认识处分财物的行为。

第四,被害人是否损失了财产以及行为人是否获得了财产,这是显而易见的。被害人的资金从自己账户转移到了平台的"财付通"账户的过程,都是数字金额上的直接转换,既然被害人转了这个钱,他就当然没有取出这笔资金的权利了,而公司可以直接取得这笔资金,那么被害人就遭受了财产损失。在这一系列行为符合诈骗罪的构成要件。主观方面就是行为人本人具有非法占有目的,行为人在创立公司的一开始就打算利用这一非法平台来谋取相应的利益,而不是进行合法经营。

综上所述,我们认为其构成诈骗罪。

控方：好的，感谢辩方给我们的关于诈骗罪的论述。但是我们认为诈骗罪中的处分行为必须是导致被害人财产损失的直接原因，这个你们认同吗？

辩方：认同。

控方：那么请问，辩方刚才提到的诈骗金额为被害人王某的实际损失，也就是被害人投资的金额减去他最后实际拿到手的钱，对吗？这也是你们刚才陈述的。

辩方：对。

控方：我想问，他的损失是由行为人一开始的投资行为导致的，还是由他不知情下的刷单行为导致的，还是由两个行为共同导致的呢？

辩方：是由于他的投资行为导致的。

控方：那么问题来了，因为我觉得辩方关于诈骗罪四个因果链条的陈述是存在逻辑问题的，是有漏洞的。请问辩方如何看待平台上除王某外其他投资者？他们有些是盈利的，就如案卷材料中作为证人的杨某，她作为客户是有盈利的，请问辩方如何给他们定性？

辩方：我们没有义务对不是我们当事人的客户行为进行评述。

控方：我们同意你们没有义务，但是我们讲这个，也是为了来论证这到底是一个怎样的行为。

辩方：如果控方想问客户的损失的话，我觉得直接问涉案人王某的情况比较合理。

控方：可以，那我想问一下，你认为是他的投资行为导致了他的损失吗？那么，之后的刷单行为又是什么行为？

辩方：刷单行为只是为了掩饰平台方在逃避债务的掩饰行为。

控方：那我想问刷单行为和王某最终遭受财产损失的具体数额之间是否存在因果关系？

辩方：不存在因果关系。

控方：那就是说，刷掉的是 68 万元，最终损失的是 68 万元，但如果刷掉的是 6.8 万元，最终损失的还是一样的吗？

辩方：最终的损失是要用总体财产的损失，也就是用王某"入金"的总额减去他"出金"的总额，最终的差额就是他的损失。这是从总体财产上来算的。

控方：我理解你们的意思，但是王某的损失是直接由他的处分行为导致的，那么他的处分行为，就是我们想讲的关键问题。所以我觉得你们在四个因果链条上是存在漏洞的。

辩方：我并没有理解到，您所谓的漏洞到底在哪里。而我注意到你们公诉意见中有一句话：因为王某把钱打到平台上之后形成了对平台的债权，因此他不存在财产损失。这一点我们是不同意的。你不能因为对公司的债权存在，就认为客户没有损失，如果债权实际上没办法实现的话，那么客户的损失也确实存在。而本案中的被告人，他们在设计这个平台的时候就有私自操纵贵金属价格、在客户不知情的情况下赚取差价的非法目的，并不打算履行该债权，实际上也没有履行该债权，所以我认为可以认定被害人遭受损失。

我们想问对方一个问题，就是您刚才说的第二阶段在后台调整贵金属价格的行为，构成了盗窃，会让客户对公司的债权发生变化——这个债权变化是因为调贵金属价格这个行为而变化的，还是因为王某买贵金属这个行为而变化的？

控方：这个问题问得非常好。我必须要指出你们的一个错误，就是你们陈述稿中所谓的对经营模式的理解是错误的。根据案卷材料，霍某在讯问笔录中提到，当买涨的人数多时，他们就下调；当买跌的人数多时，他们就上调。这个不是你们所理解的交易模式。你们刚才对我们的批驳，我理解的是对我们第二阶段经营模式理解的批驳，但是这个批驳我们是反对的。我们不要聚焦于第二阶段，因为这不是重点。

辩方：我想接着刚才那个问题，继续来问控方，控方是怎么认定债权从被害人转移到行为人的过程的？你们说的是，王某对公司一开始享有债权，这个债权相当于储户和银行间的债权；但是我认为，这个对公司的债权不能和在银行的存款相提并论，本案只涉及我们的当事人两方，也就是霍某等人以及王某，假如存在债权债务关系，也是他们两方之间的债权债务关系，与行为人在银行的存款是没有关系的，不涉及第三方主体，也就不存在对第三方主体债权转移的过程（只是双方间的过程）。那么，请问如何论述这一债权转移的过程？

控方：我来解释一下对方关于第三阶段的质疑。我们想提醒对方的是，正如刷单的行为人王某举的口供所述，刷单导致的最终结果是被害人王某亏损的钱和产生的手续费都流入了他们的资金池里，所以可以看到存在一个转移的过程。王某举是通过后台的账户进行的刷单行为，而不是像对方说的仅仅是对借条上数据的篡改或者平台上数据的篡改这样单方的行为。我们发现，在这个过程中，一方面被害人王某账户中相应的金额减少了，另一方面公司资金池中的金额增多了，并且进一步发生了混同。在这样一种交易模式之下，我们认为债权发生了转移。

再来解决你方刚才提出的对我们的第一个质疑。你方刚才说，债权没有实现所以造成了财产上的减损。但是我方想提醒大家注意的是，在第一阶段也就是刷单行为出现之前，所有客户包括王某在内的资金的"出金"程序都是正常的，所以他们的债权都是能够实现的。在这样的情况下，我们认为客户的债权可以被证明是财产性利益，对方认为客户把钱存进去就提不出来是不符合案件事实的。

还要讲到银行存款这个问题，其实我们是要讲我们对债权问题的理解。我们非常尊敬包括车浩老师在内的所有老师，但是学术可以有不同观点，盗窃对象是否可以包括财产性利益，这个问题确实如辩方所说，在刑法理论界存在争议，但是在司法实务中不能因为有争议就不进行判断，我们必须进行这样的判断，给出这样的观点，这并不违背刑法的谦抑性。

辩方：我想就这个问题请教对方，比如这张纸，它现在在我手上，在大家看来它就是被我所占有的，在事实和规范双重性质上都是占有。那么，我想问，你如何占有债权？我们实在是无法理解如何能够占有债权。对方刚才一直在说，债权从王某处到了公司那里，这是指债权的占有从王某那里转移到了公司那里，还是债权的享有或其他发生了转移？

控方：首先我们认为这个债权是存在的，第一阶段的行为都是可以由民法进行调节的。我们承认此阶段有一个欺诈行为，但是这一行为只属于民事上的欺诈行为，在刷单行为发生之前完全可以由民法来进行调整，不需要刑法的介入。辩方认为，刷单行为仅仅是篡改数据，对方认为这个数字是没有意义的；但是我们认为这个数字是有意义的，这个数字就是包括被害人王某在内的客户享有的债权的权利外观。

至于辩方认为被告在第一阶段存在非法占有的目的，现在发生了一个很有趣的现象，我们是公诉方，但是我们认为他没有非法占有目的，而辩方认为他存在法非占有目的。我来说一下，为什么我们认为他不具有非法占有目的。在座的陈兴良老师在一篇论文中提过什么是非法占有目的，即其在刑法上的定义，他当时是赞同清华大学周光权老师的观点，认为是永久地而非暂时性地排除他人的占有，使他人之物作为自己之物并遵从财物的经济价值加以利用或者处分的意思。而在第一阶段，行为人的盈利点主要在于收取手续费，被告肯定有谋利的目的，他们是通过收取手续费来进行谋利，而不是永久性地拿走客户的投资款，这个案卷材料是载明的。从案卷材料中还可以看出，包括杨某等在内的客户，他们虽然有亏有赚，但最终都成功"出金"了。一系列证人、被害人、被告人的询问笔录、讯问笔录都能够相互印证，一系列的"出金"行为都是正常的。

(四) 总结陈词

主持人：张　奎

感谢双方精彩的对抗演练，下面进入总结陈词环节。先由控方代表发言。

控方：浙江大学光华法学院学生

在刚刚的对抗演练中，我们首先对整个案件进行了阶段划分，因为我们觉得可以以此区分罪与非罪。

第一阶段，我方从行为结果以及非法占有目的的角度切入，认为霍某和焦某设立公司，建立平台，并不是刑法意义上诈骗罪的实行行为，而是一种民事上的欺诈行为。在第二阶段和第三阶段，我方认为他们成立的是盗窃罪，我们主要探讨的是盗窃罪的行为对象，我们认为是债权，而非现实意义上的货币。最终我们得出的结论是，霍某等人的行为，一是成立民事上的欺诈，二是成立盗窃罪。与辩方的观点是完全不同的，他们认为成立诈骗罪。

我们的主要论点有三：一是非法占有目的，刚才由于时间有限也没有讲清楚，对方认为是存在非法占有目的的，但是我方并不赞同，从霍某等人的行为等可以看出，他们只是暂时性地排除对方占有；二是关于盗窃罪的行为对象是否可以是债权，以及本案中是否存在债权的转移行为，对方认为不可以，但是我们认为从本案的案卷材料中可以看出，存在一个较为明显的债权转移行为，我建议对方再仔细研究一下案卷材料；三是关于辩方认为成立诈骗罪的一系列观点，我方没有办法认同，就像我刚才所强调的四个因果关系链条中是存在逻辑关系漏洞的。

综上所述，公诉方认为应当以盗窃罪追究被告人霍某、焦某等人的刑事责任。补充一点，辩方在辩护书上写着焦某是从犯，但我方认为焦某应该是主犯。

主持人：张　奎

下面由辩方代表进行总结发言。

辩方：南京大学法学院学生

　　本案中控方有一个非常严重的错误，控方混淆了处分财产和财产损失的结果，比如说一个诈骗行为，被害人把他的财产转移到行为人的账户下，不能因为他产生了某种债权而否认损害结果。否则我处分我的一笔钱，转移到他人账户中，如果因为这个处分行为产生债权就认为其不构成财产损失的话，那么处分行为也不构成诈骗罪吗？

　　这显然是不合理的，否则基于个人意思的所有处分财产的行为都不能构成诈骗罪。不管是处分财产还是财物，就像你处分一个具体的物，但你又享有物上返还请求权，那你也不构成物的损失，这也是不对的。

　　所以，本案中公诉人按照公诉意见中反复提到的债权占有的转移主张构成盗窃罪，但实际上公诉人的逻辑很可能是通过一个权益损害的结果反过来判断盗窃行为的。对占有的概念进行解释，诈骗罪与盗窃罪之间的界限是，盗窃罪着重于占有对象的转移，而诈骗罪着重于由于错误认识而处分财物造成的损害结果，本案在可以运用诈骗罪妥善解决的情况下，为何要用盗窃财产性利益这样具有争议性的说法来加重被害人的罪责呢？

　　为了将财产性利益纳入盗窃罪的对象范围，对方不得不将本来不能被占有的财产性利益解释为可以占有。由于债权等财产性利益是抽象的思维上的产物,是观念性的东西,肯定财产性利益能够被占有,就无法要求占有具有事实性。这种占有观念的解释论,势必使占有概念失去明确性,从而导致盗窃罪构成要件定型性的丧失,所以我们认为本案不构成盗窃罪。

谢谢。

主持人:张 奎

感谢控辩双方的总结发言,下面进入评论环节。

二、评论

主持人:何荣功

下面有请中央财经大学法学院副教授简爱博士评论。

评论人:简 爱

我将围绕这个案件的事实以及从案情中发现的问题适当地进行延伸,就事论事来阐释我对这个案件的看法。

刚才控辩双方对这个案件进行了简要的控辩,在我看来可能有一些关键点没有讲清楚。另外我和上一场的评议人都有一个共同的困惑,我们了解的案件事实是从当时辩护人写给我们的非常简单的几页纸上看到的,与今天现场所听到的情况有一些出入,而这些出入决定着基础的案件事实,可能会影响我们的分析。我在最初的评议稿里作了一些假设,这些假设是否与案情相符合,以及具体案情究竟为何还有劳辩护人告知。

本案中,对焦某和平台的行为定性的争议主要集中在"到底是盗窃罪还是诈骗罪"。传统的刑法理论认为,这二者是互相排斥的,德国刑法理论将财产犯罪分为夺取型和给付型两类,恰巧盗窃与诈骗是这两种类型的典型代表,以上这些似乎都在昭示着区分盗窃罪与诈骗罪的必要性。可以说在过去,在理论上作为一种罪名或者概念性的研究,盗窃和诈骗的内容都是比较明确的,而且是极易被区分的;但是在现在的互联网时代,比如刚才的这个案件,网络平台上的交易,以及第三方非现金结算业务的兴起,以"二维码案"为代表,给实务部门对案件的定性带来了疑难。本案中,辩护人主张的是诈骗罪,检方指控的是盗窃罪,一审法院最终认定的也是盗窃罪。

在案情介绍中,辩护人详细地介绍了他的辩护思路:从这个平台的特征入手,该平台是一个虚拟的大盘,它的数据可以由公司操控。但其实这样的介绍不足以让我们明确,平台的客户包括被害人王某是否知道这个数据是虚构的。在这里大家可能会觉得很疑惑,如果知道,谁还来使用这个平台?但现实中就有这样的案例,用户知道实际情况是一个封闭的大盘在进行虚假的交易,但是他抱着一种赌徒的心态参与其中。那么公司在这个情况下是怎么赚钱的呢?比如我们这些人押大小,一部分人押了一百万元的"大",一部分人押了八十万元的"小",平台就会把最终的数额调成"小",以此和押八十万元的人来分这一百万元。因为有些人自以为智商超群、技高人胆大,可以赚钱。此时对于平台的封闭性，大家都是知情的，在这种情况下，它是封闭的，也是不合法的，没有行政许可，但是这种情况下不存在欺诈。这是一种可能。

另外一种可能，是与辩护人以及刚才那位同学叙述的案情产生分歧的。在刚才的叙述中，这个平台的其他客户和被害人是不知道这一点的，而误认为这是一个和市场价格一致的平台，从而投入了资金。在这样的情况下客户对关键的事实产生了认识错误，符合诈骗罪的行为要件中虚构事实这一点。但是刚才举的例子，有一个指数，一个汇率的问题，比如 ETF 指数基金，以前我们买卖原油、贵金属，现在买卖的其实是指数，如果我赌这个指数涨或者跌的话，也可以产生收益。

这里所谓的汇率，大约是指——假如我每周要购入贵金属，是把人民币存进去换美元，平台操纵相关数据，此时平台获取利润的途径就是收取手续费。双方在这里缔结了一个民事合同，就是客户在该平台交易，汇率由平台决定，是浮动的，客户则自主决定交易与否。在这种情况下，平台赚的是这个差价，但如果说我们买卖的是这个汇率指数，平台后台又能进行操控，此处就有了欺诈的情形，平台使对方产生了认识错误：汇率是掌握在平台手里的，但是客户不知道这一点。

首先，从这个网站的角色和定位来看，在上述叙述中，尤其是汇率后台还可以调整，我认为行为人是调整手续费，更倾向于认为他们是跟其他交易平台一样的管理人员。这个平台也好、"财付通"账号也好，其实并不享有我们充入资金的支配权。好比我们现在购买理财产品，不论是通过支付宝还是其他的渠道,第一步是要把钱放到这个平台,要拥有一个账户,在这个情况下我们充入资金,并选择理财产品。这是投资者的一种权利,这个才是资金支配权。此处我的观点与辩护人不同,而且我认为这一点其实在本案认定中也并不重要,因为只要客户不知道行情数据是可以操控的并因此产生了损失,那么此处就是欺诈受损,就可以成立诈骗罪。在众多投资者中,王某是个例外,他虽然受骗了,但是没有财产损失,不仅没有损失反而还有赚,所以对方是诈骗未遂。

其次,需要我们格外重视的一点,也是最关键的一点,就是被害人王某真实的财产损失是以一种和前面的欺诈手段(比如虚构数据)无关的形式产生的,就是焦某等人主动侵入原本应该由个人控制的账户并进行了相关的操作,这个操作也是在该平台上进行买卖,通过"赚取手续费"的方式(这里手续费是比较高的)把钱转移到了公司账户,金额是68万元。这样的操作其实类似于游戏玩家的账号被盗,行为人盗号后把里面可以兑换成钱的游戏装备卖掉了——这本质上是个偷取行为,而不是王某主动转移支付财产的结果(这种处分是不存在的),只不过本案中"盗号"的人,也就是焦某等人恰巧是可以调整后台数据的人。对比同案的其他投资者,其他投资者的损失是由公司在控制数据的情况下利用信息不对称把钱骗走而产生的,而王某的损失是被侵入了账户多次买卖导致大量的手续费而产生的,这两种方式是完全不一样的。本案中,王某是被害人,但其他投资者的损失并没有并案处理,因为他们的财产损失方式是有差别的。

最后,回到辩护人的思路上,说"王某等人一开始就丧失了资金的控制权,其在账户上的所有资金仅是'虚拟数字'"。其实辩护人的思路是非常注重民法中"占有即所有"这种传统观念的,但实际上民事和商事不一样,在商事交易领域并不直接采取这一规则。我们在交易平台上选购理财产品,比如选购一只基金,选定买入后这部分钱其实是由基金经理具体控制的,我们有相应的份额,但是选 A 基金还是 B 基金,买黄金还是买白银,这个控制权在我们手里。而且这个账户也并不是虚拟的,它是真金白银而不是"虚拟的数字"。再退一步,作为交易主体,也就是本案中所谓的投资公司、交易平台,它并不是一个合法的主体,但是监管法律法规对交易主体的约束不影响该特定主体所从事交易活动的法律效力,这一点和民法中对合同效力的判断是一致的,违法的合同只要不是违反了效力性强制规定,而是违反了管理性强制规定,那么合同并不会因此无效。也就是说,即使平台本身及其从事的业务因没有行政许可而违法,但是双方采取的这种交易方式是基于合意,而王某能够赚到钱,那么这些钱就是他所应得的。在辩护人的说法中,有一方盈利就有另外一方亏损,这类似于双方赌大小必有一方赢钱的零和博弈(和我们之前模拟的情形不太一样),结果是王某赚了平台亏了,那么最终他对账户内交易的总金额(包括账户内买的理财产品的和以现金形式存在的金额)享有正当、合法的所有权,平台从他账户中私自操作转走的手续费就是财产损失的数额。这就是我的观点。

此外,我的延伸观点是,我们讨论盗窃和诈骗的必要性。为什么在犯罪构成和量刑梯度都接近的情况下,要来充分讨论盗窃与诈骗的区分,意义在哪里?后来我拿到辩方写的资料,发现这影响到了量刑，那量刑就是辩护人施展技艺的空间。

但为什么我们对盗窃要求的数额要比诈骗低？从有效辩护的角度出发，定诈骗罪是比定盗窃罪更有利于被告人的一种选择。在过去，盗窃的案发率大，很难确定到底是谁把这个钱拿走的。诈骗就像上午徐老师提到的，它是具有交流性、互动性的，你来骗我的钱，我对你的声音、长相这些相关事实是留有一些印象的，可以还原，自己更有参与性，因此它比盗窃罪的破案率高。

但是随着支付交易形式的变化，我们从近两年司法部公布的白皮书中明显可以看出，盗窃罪的比例在急剧下降，通过网络实施的诈骗罪的比例反而在明显上升。这也是我们今天讨论的重点。那么，在现在的情况下，诈骗的行为人以及相关的服务器都存在于境外，对行为人定位，抓捕是有难度的。而盗窃，则由于我们现在现金使用的减少（尤其是像我们这种一线、二线城市），摄像头是密布的，找到相关行为人是非常容易的。那么在这种情况下，从刑事政策上讲，其实已经不存在盗窃要比诈骗判刑更重的空间了。就像鲁迅先生所说："从来如此，便对吗？"现在，我们仍然保持着诈骗罪的入罪门槛，处刑标准低于盗窃罪，这样的情况合理吗？

如果不先解决这样的问题，直接去讨论它们的区分点，可能就跳过了一步。所以有必要讨论一下，传统财产犯罪的分类标准对于当前认定诈骗和盗窃，意义在哪里？

总体来说，我主要讲的是一个事实上的认定和对接问题。

主持人：何荣功

下面有请第二位评论人，中国政法大学刑事司法学院时方副研究员。

评论人：时　方

对于本单元案例的评析，首先我认为，本案的辩护人从被害人的角度分析"入金"的属性，将犯罪的实行行为提到前期，作为诈骗罪来论证，在量刑方面起到了很好的辩护效果，这是值得肯定的。

根据我个人最初拿到的材料，以及刚才控辩双方对于本单元的对抗演练，我原则上赞同在第一阶段在平台上的"入金"行为存在民事上的欺诈，但在本阶段并未构成诈骗罪所要求的被害人处分财产的实施行为，不成立诈骗罪。

第二阶段投资平台对于所占有的投资款进行的操纵行为，刚才公诉方认为，财产性利益即债权是一种窃取行为，应当构成盗窃罪，我对这一观点持一定的保留态度。我认为基于投资款已经在平台上实现了现实的占有的情况，针对投资款本身，根据后期平台的操纵行为，可以认为存在成立诈骗罪或者侵占罪的可能性。实际上在平台完全操纵投资结果的情况下，投资人必然面临财产损失，行为人可能构成诈骗罪，但是对于本案王某举的行为——后台具体的操纵行为，在投资人先前的投资金额已经被平台事实甚至合法占有的情况下，可能存在成立侵占罪认定的空间。那么下面我主要从三个方面来进行评析。

第一方面，对于平台属性的认定。对于正常的投资平台而言，投资者可能面临投资收益或损失，损益是一种不确定的情况，主要是由投资人个人的操作以及投资的客观环境决定，并非是取决于投资平台的操作。如果一个平台并非是完全根据客观的市场环境来运行,而是完全由平台决断结果,那么这就和人为操纵的赌局有一定的相似性。

这里可以与对于赌局操控行为相关的司法解释、公报和裁判案例进行比照,案例如最高人民法院公报案例"四川省泸县人民检察院诉黄艺、袁小军等诈骗案""郭怀立等诈骗案"等;司法解释如1995年最高人民法院《关于对设置圈套诱骗他人参赌又向索还钱财的受骗者施以暴力或暴力威胁的行为应如何定罪问题的批复》,其中规定:"行为人设置圈套诱骗他人参赌获取钱财,属赌博行为,构成犯罪的,应当以赌博罪定罪处罚。"

该司法解释对于本案的启示主要是,如果行为人设置圈套诱骗他人参赌,存在欺骗行为,那么主要应以赌博罪认定。此处是根据他的设置行为、诱骗行为认定,并非直接依照诈骗罪认定规定的。最高人民法院的两个公报案例是被害人通过诱骗参赌并且输掉赌局。赌局输掉的实质原因,是由于平台进行实际上的操纵,被害人完全没有掌控输赢的可能性,此类情形主要应以诈骗罪进行认定。

通过上述司法解释和两则案例,我们可以发现,一方面,无论是否正当合法的投资行为,即使存在诱骗行为,诱导行为人参与到这种投资行为之中,这种投资行为本身也并非诈骗罪的实行行为,对于后续结果产生实质影响的操纵行为才是真正需要被作为诈骗的实行行为进行认定。根据会前我拿到的材料,公司在赚钱不成的情况下采取盗刷的方式使王某账户的数字变成了手续费,这说明平台在诱骗投资者"入金"(进行平台充值)时存在一定的设置圈套的欺骗行为,但是公司并不能掌握投资人在平台的投资操作行为,也无法实现对本案被害人王某收益变动的实际控制,因此与控制赌局行为存在一定的差异。

第二方面,实际就是对于第一阶段"入金"平台行为是否能够作为被害人财产处分行为以及平台是否具有非法占有目的的认定。这是第一阶段能否成立诈骗罪的关键点。诈骗罪的处分行为应当是指财产的所有人或者占有人因陷入错误认识将财产处分或转移给第三人占有的行为,但这种转移占有应当是一种终局性的转移处分行为;与此相对的,诈骗罪的行为人的非法占有目的是一种排除他人对财物的占有,转归自己所有或者第三人永久性占有或者使用的情况。

本案中,一方面,投资者"入金"平台只是为了方便后期在交易平台进行相应的投资操作,是参与人在事实上认同平台交易的运作模式并以此种模式参与其中的必然要求,并且这个"入金"行为也并不违背投资者在平台上实际进行的投资操作的形式,投资参与人的"入金"行为也并未将资金处分给平台控制人所有或者交由平台操作利用,因此并不具有诈骗罪所要求的处分行为。事实上,投资者在平台投资操作期间对资金本该是有一定的控制权,也就是可以自由地进行操作。另一方面,平台通过制度设计事实上占有了资金,成为资金的管理者,但这种占有和管理并未实现永久性的控制,资金账户仍由投资者实际操作。对此我的理解是,这就是一种占有行为和实际操作行为的分离,也就是实际操作行为还是由投资者进行,但是占有行为呢?由于平台实际上掌握了"出金"的可能性,因此平台在事实上具备了占有的可能性或者占有的合法性。而投资者并非是基于财产处分的意识进入平台,"入金"平台后其"出金"请求权受到限制,丧失了对现金的现实占有,但其对于资金的支配权没有受到限制和损害,因此投资者的财产法益在"入金"平台时并未受到实质性的侵害。

第三方面,本案中被害人的财产法益到底是在哪个环节受到实质性的侵害的?我认为应该是在第三阶段。基于诈骗罪的处分行为必须是导致财产损失的直接行为,那么被害人的财产损失必须直接产生于他的处分。

在本案中,被害人的财产损失并非直接由前置的"入金"行为所致,而是由行为人后期刷单行为所致,因此"入金"平台这一行为并没有对投资者产生实质的法律侵害,不能据此直接将本案认定为是诈骗罪。所以我认为后期的行为人应当依照平台实际的操作手法,分别成立不同的犯罪。比如说类似于控制赌局的行为,完全掌控投资人财产的收益或者亏损,可能类比设立并且掌控赌局而成立诈骗罪。基于其前期已经合法占有资金的事实,本案中王某举在后台进行刷单或转移财产的行为,我认为可以成立侵占罪。这也是从辩护人角度,从定罪或者量刑角度进行考虑。我认为,从实际辩护的效果来讲,如果将一开始的"入金"行为认定为诈骗罪的话,可能并不利于对本案被告人的定罪或量刑。因为仅对于本案的被害人王某来说,他最后的损失低于50万元,相较于以盗窃罪认定,是比较低的。但是因为操作平台涉及大量投资者,对于其他投资者来说,如果都从"入金"行为就认为构成诈骗罪既遂的话,就犯罪总额而言必然实现犯罪的既遂的认定提前了,这是不利于被告人的;而且如果一"入金"就认为相应的犯罪行为已经既遂,就会出现刚才所说的情况,有些投资者确实是盈利的,那么若行为人一开始就成立了诈骗罪而在结果上投资者又是盈利的,就会出现法律评价和事实结果不完全匹配的现象。

主持人:何荣功

前面两位老师对本案的焦点问题都作出了比较深入的阐述、精准的归纳。下面由来自实务界的同仁来发表评论。梁健庭长是一位经验丰富的学者型专家,我们把下面的10分钟交给梁庭长。

评论人:梁 健

我下面就从实务的角度谈谈,如果是我,会怎么判这个案子。之后我会把前面的观点都点评一下。

如果我是法官,我来判这个案子,这个案子给我的第一印象是诈骗。但是如果认为是平台诈骗,那么该怎么认定其他投资者的性质呢?如果是平台诈骗的话,那么肯定是所有投资者都被骗了,或者至少有一部分被骗了,不可能就针对一个人进行诈骗。据我了解,上海有家公司介绍了五个客户,这五个客户的钱全部拿回去了,别的投资者也差不多把投资的钱拿回去了,这也就不构成诈骗了。所以说,你们去辩论这个案子中平台是否构成诈骗是非常好的,因为从事实上看本案并不像是平台类诈骗,但是从本质上看,本案应该就是平台类诈骗。我们是要看它是怎么诈骗的。

该平台盈利的途径有两个，一个是提高交易价格，但这种方法难度很大，需要和市场情况保持一致，利用时间差来实现；另一个则是手续费，他人介绍一个客户，平台返还手续费的78%，只留下约20%，或者给别人更高的返利（如85%）自己只留下很少的比例，凭借这个赚钱很难。首先平台把包括被害人王某在内的投资者都吸引过来，从引进来的角度讲投资者是被骗了，但这里还不存在数额问题，因为投进去的钱是可以提走的（许多投资者之后都提走了，包括被害人王某也陆续提走了40多万元），所以前期并不构成诈骗罪。

那么犯罪行为在哪里呢？从行为上看，这个案子有盗有骗，先盗后骗。盗，是盗刷，而不是盗窃。盗刷的结果和盗窃是一样的。平时我们对于盗窃信用卡或者盗用信用卡，我们是定盗窃罪的，也就是对于"先盗后骗"的情况，在实务中往往是按前面那个行为定罪。如果将这个案子定为盗窃罪，也是有道理的，因为公安机关对整个平台的投资者都进行了调查，其他投资者都没有财产损失，只有王某一个被害人。那么问题出在哪里呢？刚才时老师也讲到了，前面投资者是被引诱进来的，后面产生损失是因为盗刷行为，关键就是这个盗刷。71万元和原来的4万元之间相差的67万元不就是被盗了吗？盗刷之后，平台要给被害人一个交代，因为被害人并不知道盗刷的行为，平台假称是被黑客攻击了，这个就是"骗"的行为。还有6万元是被害人自愿付的。这种情形下，定盗窃是有道理的，因为盗窃行为先发生，本来67万元都在账户里，现在没有了，就是平台刷掉的。

再从骗的角度来看，从宏观角度来看本案定诈骗是没问题的，但这和其他的证据材料是不吻合的。后期行为确实是骗，但"先盗后骗"行为能否构成诈骗罪在理论上是有争议的。辩护人辩得好的地方在哪里呢？他说，前面的 80 多万元把 40 多万元扣掉，就变成 42 万元了。我自己算不出来 42 万元这一数额。我有一个简单的算法：不管定诈骗还是盗窃，以 67 万元减去拿回来的 6 万元，损失就是 61 万元。辩护人把损失算成了 40 多万元，我打电话给一审法官问这个 40 多万元是怎么算出来的，他们说不知道，算不出来。我们后来又一起算，他说是因为前期被害人还有赚的钱，40 多万元的金额是把这部分钱减掉后得出的。因此我很佩服辩护人在数额上的辩护，这一辩护是非常成功的。检察机关居然同意了辩护人这个观点。

我很欣赏时老师的观点，就是从侵占罪的角度进行考虑。投资者的钱先保管在平台账户里，别的投资者都可以随意"出金"，被害人再三请求"出金"但是平台不同意，平台限制了被害人的"出金"行为，而且盗刷的证据充分表明平台占用了被害人保管在平台的资金不打算返还（最后也只返还了 10 万元，其余 61 万元是打算一直占用的）。所以定侵占罪是能够自圆其说的。但是问题在于，侵占罪是一个自诉案件，那么在公诉不能的情况下是否能进行判决，这个问题刑诉法无法解决。如果案件公诉到这个地步了，还要倒回去以自诉的方式重新来过，那么就是对司法资源的极大浪费。建议刑诉法修改：诉至法院的公诉案件，有证据表明应该是自诉案件的，也应该可以直接判决自诉罪名。从法理上讲，我觉得盗窃罪也是能够成立的，这个案子本身就是有争议的。前面大家的观点，说诈骗罪是让被害人陷于错误认识；但是我觉得不需要让每个被害人都陷入错误认识，就像"套路贷"，只要有虚构事实、隐瞒事实、非法占有故意就可以了。至于被害人是否明知，"套路贷"很多被害人都是明知的，双方讲明用户向平台借 10 万元而只实取 5 万元，甚至 3 万元，用户并不计划还款，对于双方都在骗的情况认为是双方诈骗也没有什么问题。被害人也是很狠的，平台有"套路贷"，他有"套路借"，借了也不还。所以理论是要随着司法实务发展的，理论要是不能适应司法实务发展的需要，那么这个理论就过时了。律师也需要与时俱进。"套路贷"，比如现在"714 高炮"平台上的诈骗，我们没有这个理念是不行的。借 1 000 元给 500 元，差额部分被以手续费、服务费等名义扣掉了。从这些例子里面我们得出一个结论：非法占有的故意，我们很明确是不放进去的。虚构事实本身就是有事实的虚构的，只给 5 万元而写 10 万元，这就是虚构事实、隐瞒真相。这就够了，不需要被害人一定陷入错误认识。

主持人：何荣功

非常感谢梁庭长坦诚、真诚的意见，他对这个案件提出了自己的看法。下面有请陈老师发表评论。

评论人：陈兴良

对于网络平台的诈骗案件，我们过去讨论过很多，但这个案件比较特殊，不是很典型的网络平台诈骗。我们可以借助刚才提出的三个阶段来分别进行分析。

第一阶段，平台大盘主要模拟欧美大盘，平台背后的被告人主要以收取手续费盈利。在这种情况下，如果被告人没有操纵行情，完全是借用欧美大盘并收取手续费的话，被告人并不构成诈骗，实际上是非法经营，这种情况就类似于"网络赌博""地下六合彩"（借助香港六合彩的结果，但操作人没有去控制结果）。这种未经许可从事相关业务的行为，构成非法经营。

第二阶段，被告人除了收取手续费外，还操纵、掌握大盘数据，上下调整数据来取得他人财物，那么这种行为就是诈骗。也就是说对行情进行了操纵，就构成了诈骗。但是在本案中，进行操纵的事实并没有被认定。

第三阶段比较特殊，被害人王某想要取出其在平台账户中的71万元，但是行为人限制了王某的"出金"行为。行为人以虚假交易的形式，将被害人账户中67万元以手续费的名义进行了实际占有，只留下来4万元。被害人王某发现损失后向平台反映，被告人表示是由于黑客入侵平台导致的，进一步表示愿意给予被害人6万元，这里存在欺骗的因素。但是这种行为到底是诈骗，还是盗窃，还是刚才梁庭长所说的侵占，涉及占有的问题。因为客户的资金是打入平台的"财付通"账号里面，打到该账号后，客户可以对自己注入的资金进行操作。在这种情况下，客户的资金到底是谁在占有，也就是网络平台能不能直接占有客户的资金，是需要讨论的问题。刚才提到，虽然客户将资金打入平台的"财付通"账号，但是客户仍然可以对其进行操作、买卖，所以客户对其存在占有。但由于案情不清晰，无法判断平台能否直接对客户的资金进行操作。

嘉　宾：佚　名

平台可以直接拿走（资金）。

评论人：陈兴良

如果可以直接拿走，那么就是平台和被害人对资金都存在占有。因为平台是通过操纵的方式拿走，给人的感觉好像它不能直接拿走资金；但是刚才有老师解答了，平台可以直接拿走资金，那么这种情况下就是双重占有。

那么在这种情况下，首先要考虑被告人是占有转移型财产犯罪还是非占有转移型财产犯罪。如果平台可以直接拿走资金，那么侵占的可能性就比较大。案中被告人通过虚假买卖的形式造成被害人财产损失，并欺骗被害人财产损失是由于黑客的入侵；后面的欺骗行为应该认定为犯罪的掩盖行为。在我的《判例刑法学》里也有讲过，一种是事前的掩护行为，有欺骗，但是不构成犯罪，就像是"调虎离山"，先把被害人支开然后就把被害人的财物拿走了；另外一种是事后的掩盖行为，行为人已经犯罪了，之后的欺骗只是为了掩盖犯罪行为。因此，在这里如果被告人可以直接拿走资金，我认为应该是侵占，平台进行虚假操作，而后谎称被黑客攻击，这都是为了掩盖被告人侵占财物的行为。如果被告人不能直接拿走客户的资金，那么应该成立盗窃，之后的欺骗行为也是一种犯罪的掩盖行为。所以在这个案件中，我们要对欺骗行为的功能进行分析，即欺骗行为是否直接导致财物的占有转移。比如，虽然存在欺骗，但是在这之前财物已经完成占有转移，欺骗行为并没有使财物发生占有转移，那么欺骗行为就不是一种诈骗行为，只是一种犯罪的掩盖行为。

所以，在对本案进行仔细分析后，我认为定侵占罪比较恰当，刚才梁庭长的判断还是很准确的，他的司法经验真的很丰富，一看就知道其中的问题。我就这个案件的看法发表于此。

三、自由讨论

主持人：何荣功

会议的关键不在于什么时候开始，而在于什么时候结束。我们还是开放两个问题。

嘉　宾：朱卫永

可能是我最初介绍案情的时候，有关于资金的问题没有说得太清楚，我在这里稍作补充。当投资者的钱打到了这个所谓的控制人的"财付通"账户的时候，这几个合伙人就已经把钱转移到银行卡并瓜分掉了。如果有客户需要"出金"，那么他们几个人按照股份的比例要求，把钱再退回"财付通"账户中。这是我的补充。

评论人：简　爱

辩护人刚才第一点是强调公司方能否把钱从"财付通"账户直接拿走；第二点就是强调这是一个逻辑问题，即"能不能"与

"应不应该"之间的关系。在现实生活中,客户明知资金有被平台划转的可能而仍在该平台交易的概率有多大?我认为根据后面的事实,客户们显然是不知道的。这是一个很关键的问题,因为平台本身是非法经营,没有第三方的监管,也没有合法的资金池等。这些都不是重点,问题是它不应该这么做,但却这么做了,所以我觉得能构成侵占的余地就很小了。我对比了这个平台的交易模式和普通的大宗贵金属买卖平台,当然这里面有猜测的成分,我觉得,投资者不知道这些事实。其实可能"诈"的内容是什么,并不影响本案中关系的认定。这是我的补充。

嘉　宾:劳东燕

我是觉得,在第三阶段乍一看好像是侵占,但如果和第二阶段结合起来看,第三阶段行为的不法性要比第二阶段严重。如果把第二阶段的行为认定为诈骗而第三阶段的行为认定为侵占,明显有一个失衡的问题。

所以我认为,按照现在司法实务的逻辑,由于被害人本身不同意,实务中就是按照盗窃来处理的,此处一般不考虑存款占有的问题。但如果把占有的问题考虑进来,在理论逻辑上,这样的行为是无法被认定为盗窃罪的。因为盗窃罪针对的是物权类的犯罪,所以需要转移占有,但本案中,钱已经转移到平台了,被害人享有的只是对平台的债权,而盗窃罪的对象能否包括债权这一点是要打一个很大的问号的——也就是我们现在在理论上讨论,要把债权放到盗窃罪的财产性利益里面,但是盗窃罪是针对物权意义上的财物构建起来的犯罪,它的构成要件都是针对物权意义上的财物构建的，如果把债权也放到盗窃罪的对象里的话，会导致盗窃罪构成要件的彻底瓦解，而且可能导致盗窃罪成为整个财产犯罪的兜底性罪名。

所以从理论逻辑的角度讲，占有已经转移了，且对象是债权，这种情况是无法构成盗窃罪的。而且由于第二阶段定的是诈骗，第三阶段也不能定侵占罪。第三阶段的行为对象，我认为并不应理解为67万元现金本身，而应理解为关于这67万元的债权，而债权是可以成为诈骗罪的财产性利益的；也就是说由于被告人的欺诈行为导致被害人丧失了对这67万元债权的请求权，我觉得从这个角度来讲是可以定诈骗罪的。

主持人：何荣功

特别感谢本单元的所有发言人，谢谢大家！

闭 幕 式

主持人：高艳东（浙江大学光华法学院副教授）
总结人：赵春雨（盈科全国刑事诉讼法律专业委员会主任）
　　　　李世阳（浙江大学光华法学院副教授）
致辞人：陈兴良（北京大学法学院教授）

主持人：高艳东

其实我有很多关于诈骗罪的问题要讲，尤其是网络空间的诈骗，"一元木马诈骗""积分诈骗""漏洞诈骗""刷单诈骗"，了解这些新型的案件，对于诈骗罪研究的推进有重大意义。

时间有限，感觉台上发言的各位学者都意犹未尽，台下的听众也听得非常痴迷。在浙江大学我们办过无数次会议，这是唯一一个从法学大家到本科生共同参与而且能够如痴如醉地参与的一个学术盛会。

下面进入闭幕式环节，首先有请赵春雨主任作总结。

一、会议总结

总结人：赵春雨

请允许我代表盈科全国刑委会、代表盈科刑辩学院，以"感恩""收获"与"期待"三个关键词为主线,表达参会的内心感受。

首先是"感恩"。

第一,感谢陈兴良老师。盈科第三届全国刑委会组建以来,以拳拳之心致力于盈科刑辩的专业化与一体化建设。从2019年9月8日,到2020年9月22日,盈科先后举办了五场大型公益刑辩高峰论坛,陈兴良老师是其中三场论坛的主嘉宾。因为陈老师强大的号召力,盈科刑辩论坛受到高度的社会关注,每每达到上千人的规模。更要感谢的是,得益于陈兴良老师的引荐,我得以和车浩教授在北大法学院喝咖啡,"共谋"了今天这场"有组织犯罪"。今天我一早过来,看到陈兴良老师八点钟就已经到了会场。法学大家对青年学者的关切与关爱,让我们心生感佩,这是我们看得见的薪火相传。

第二,感谢车浩老师。举办"全国青年刑法学者实务论坛"是车浩老师的创意。车浩老师已经详细阐述了这个创意的初衷。但是给我感触更多的是,车浩老师对于学术发展的情怀与愿景,以及对于比他更年轻的学者的扶持,一种给他们谋福利的意识与担当。盈科刑辩在打造凝聚力与影响力的同时,更加注重内涵的塑造,"全国青年刑法学者实务论坛"恰逢其时,非常感谢车浩老师能给予我们这样具有前瞻性的倡议。

第三,感谢王敏远老师能够亲临会场,感谢李世阳老师的辛苦组织,感谢与会嘉宾以朴素的学风回归学术本质,为我们带来一场案例研判的学术盛宴。同时也特别感谢盈科总部对本次论坛的高度重视,对盈科全国刑委会工作的大力支持。感谢盈科全国刑委会的核心成员不远千里，相聚杭州。

其次要谈一谈"收获"。

第一，学知识。我们知道在刑法分则中，诈骗罪的罪状是一种简单罪状的描述；但实践中，诈骗罪的罪与非罪、此罪与彼罪的争议很多，刑民交叉问题、欺盗结合问题也是实务中的难点。正因如此，我们需要对诈骗罪的刑法理论深度钻研，进行适当的目的解释与体系解释；也正因如此，诈骗罪的辩护是刑辩律师容易取得成绩的领域。本次论坛从不同的角度阐释了诈骗罪的构造，带给我们多元化的启发。就诈骗罪的犯罪对象包括财物与财产性利益，以及财产性利益中包括债权请求权这一问题，我们在上午的研讨中已经达成了共识。而如何将处分行为与处分意识综合评价，如何把握诈骗罪关注真实的意思保护这一核心，如何判断非法占有的目的、犯意产生的时间节点以及欺骗行为与处分行为的因果关系，如何界定诈骗罪与盗窃罪在秘密性与互动性上的差别，是值得我们反复品味的。

第二，学方法。今天我们来学习的目的，是想要获得一个结论性的观点，还是要形成观点的思考方式？我们是想要获得一个司法裁判的规则，还是想要了解它背后依托的理论基础？我相信在座的嘉宾和我一样，我们要学习的是一种思维，尤其是刑辩律师，要学习在辩护中怎样能够将问题的提出、观点的阐明与逻辑的构建层次分明地呈现出来，用我们的逻辑论证去说服法官。所以，参加"全国青年刑法学者实务论坛"，我们要秉持一颗谦卑之心回归课堂，不要带有功利色彩，更不要持有"快餐"思想；要夯实基础立稳根基，要掌握刑法的方法论。

第三，学精神。在本次论坛中，从提出倡议到初现雏形，用时之短，让我深刻感受到车浩教授与筹备组清晰的思路与强大的执行力。今天的论坛，不同学术观点的交锋、碰撞与论辩也让我们充分感受到了青年学者的批判与质疑精神。我想这就是我们刑辩律师要去用心学习的。

今天参与评论的法官们和检察官，他们对学术的热情以及学识的深度，让我们感受到，实务中专家型、学术型法官与检察官越来越多。所以我们刑辩律师唯有不断地丰富自己，才能在疑难复杂案件中有招架之功与还手之力。

今天参与模拟法庭的学生都是非常优秀的，让我感受到后生可畏。在刑辩之路上，青年律师前有强敌，后有追兵，激流之上，不进则退。

最后想表达一下"期待"。

第一，我们期待在下一期"全国青年刑法学者实务论坛"中主讲老师在阐述理论的同时，能够更多地增加对研判案例的引入，更加聚焦案件认定事实、证据和说理，在此基础上就认同或者反对的观点进行引申。这样会使我们在理论上的研讨更加具有实务上的指导意义。

第二，我相信也代表我们一部分盈科所律师的心声，期待下一期论坛中，我们的主讲老师能够适当地放慢语速，让我们在聆听的同时也能够随之思考。

第三，期待下一期论坛能够有更多的青年学者，更多实务界的法官、检察官，以及更多的律师参与进来，我们共同来打造"全国青年刑法学者实务论坛"这一品牌。

未来，盈科所将与北大刑事法治研究中心一起，陪伴青年刑法学者的成长，支持青年刑法学者在学术创造力最旺盛的时候深入研判本土案例，运用刑法理论解决实务问题。期待"全国青年刑法学者实务论坛"能够成为一股清流、一股力量，期待在不远的将来实现刑法理论与实务的高度融合。

主持人：高艳东

感谢赵主任，让我们欣赏到了声音与逻辑的美。接下来有请本次会议的筹备者作总结。

总结人：李世阳

感谢各位嘉宾。我想借这个机会，谈几点自己的学习心得体会。

第一，随着互联网时代的到来，我们面临着传统犯罪网络化这样一个基本的情况。这一点尤其体现在财产犯罪领域，从盗窃到诈骗、到侵占、到故意毁坏财物、再到破坏生产经营等，都面临着网络化。同时，我们当前的刑法教义学也是处于一个主要是从德国与日本引进的过渡阶段。德国与日本目前解释财产类犯罪的整套理论，基本是在农业时代与工业时代的背景之下发展起来的。那么现在就会面临一个问题：适用于农业时代与工业时代的刑法解释理论，是否能够原封不动地继续适用于互联网时代。这是我们必须去认真思考的问题。因为在这一过程中，整个行为的外观、行为的外形尤其是实行行为的边界都会变得特别模糊，尤其是会导致罪与非罪的界限的不清晰。今天我们所研讨的案例就体现了这一点,这些诈骗罪案例都是与网络有关的。这考验了我们的理论创新能力。因为这些问题可能在目前的德国与日本还没有遇到过,一方面我们还没有完全吸纳他们那一套传统的解决办法,另一方面我们又遇到新的问题,这种复杂的背景是对我们理论创新能力的考验。

第二,刑法意义上的诈骗行为与民事欺诈之间的关系,决定了诈骗罪的范围。不同国家基于其不同的文化背景对这个问题的界定是完全不一样的。比如,日本诈骗罪的范围要远远宽于我国诈骗罪的范围。我觉得这一点需要特别注意。

第三,所有的财产犯罪都必须存在财产损失的结果,诈骗罪的财产损失到底是一种个别的财产损失,还是一种整体的财产损失?在网络时代的今天,讨论这一问题也很有必要。因为对这一问题的讨论,能够反过来直接倒推到对第一个环节中欺诈行为这个实行行为的认定。在我看来,诈骗罪后面三个阶段,即陷入错误认识、做出财产处分行为以及财产遭受损失,都是为了反溯着去描述到底什么样的行为是刑法意义上的欺诈行为。

我还想借此机会表示一下感谢。

首先,必须感谢我的恩师陈兴良老师以及郝惠珍主任,他们全程参与了会议,听取了每一位报告人、每一位评论人的报告与评论,这种精神值得我们后辈学习。

其次,感谢车浩老师和赵春雨主任,是他们积极促成了本次论坛的举办。而且论坛会继续举办下去,我们这个论坛是"继续犯",不是"即成犯"。他们对青年刑法学者的理解与提携,对构建根植于中国刑事司法实践的教义学理论的不懈追求的精神,也将随着一届又一届论坛的举办而传承下去。希望下一届论坛能比这一届更圆满、更成功!

再次,感谢所有参会的青年刑法学者与律师,如何加强这两类主体之间的沟通,可以说决定了我们中国刑事司法实践的未来。我在日本留学期间,有一个非常深刻的体会:日本的律师、学者、检察官、法官之间的沟通机制不存在任何障碍,在举办刑法学会时,所有这些主体都会参加。我希望以后我们会议的会风也能往这方面转变。

最后,我要感谢我的会务团队,今天所有的会务人员都是本科二年级的学生。今天如果有任何招待不周的地方,我都会成为"间接正犯"。

谢谢!

主持人:高艳东

感谢李世阳老师声情并茂且感人的总结发言。我们也期待李老师今后能继续在这里组织诈骗罪一期、二期学术会议等,每到金秋时节,都能来杭州体会学术之美、杭州之美。我也提议,让我们把掌声献给李世阳老师和他的本科生团队!

二、闭幕致辞

主持人:高艳东

接下来,让我们有请陈兴良老师。陈兴良老师对年轻人的提携、对学术的热情以及对学术的执着,感染了一批又一批像我这样的以及未来的年轻学者。谢谢陈老师!

致辞人:陈兴良

首届"全国青年刑法学者实务论坛"今天取得了圆满成功,在盈科所的大力支持下,在我们以李世阳为首的浙大光华法学院团队的认真操办下,我们的论坛举办得很成功。通过这个论坛,盈科所的青年律师和我们刑法学界的青年学者共同得到了成长,这对我们的法治建设与学术研究都是一件幸事。我们的实务论坛争取将来每年都能举办下去、传承下去,这是一个特别好的平台。

刚才赵春雨律师已经就我们青年律师方面的有关问题,以及我们今天的会议讲了很多。我在这里稍微讲一点"青年刑法学者"这个题目。这个创意是车浩提出来的,我特别赞同。2016年在中南财经政法大学召开过一个"70后"的刑法论坛,后来车浩提出来我们专门开一个以青年刑法学者为主体的青年刑法学者的论坛。今天与会的不止"80后",也有很多"70后"来捧场。我作为一个"50后",处于退休边缘,但是我特别高兴看到年轻的刑法学者成长起来,这对我国的刑法研究会有很大的推动。

现在的青年学者,实际上都有双重身份,一方面是大学的教师,另一方面又是刑法学者,这两种角色应该是统一的。但在这两种角色中,我觉得学者是更重要的。当然也不是所有在大学里从事刑法教学的教师都能被称为"学者"。如果你是一个很好的青年刑法学者,那你一定是一个很好的青年刑法教师。所以我认为，作为在大学里从事刑法教学的老师，还是应该努力使自己成为一名刑法学者。当然，学者的基础是在学术，除了从事教学工作以外，还要从事学术研究。刑法学者不仅仅是一个刑法知识的"消费者"或"利用者"，我们在大学里讲授刑法知识，其实是在讲授别人的刑法知识，我们还应该成为刑法知识的创新者、刑法知识的生产者，这就是一个学者的使命。

实际上，一个人的学术生命并不是很长，通常来说应该是三十年左右，也就是从30岁到60岁这三十年。这三十年以十年为界，又可以分为三个阶段，第一阶段是30—40岁，这一阶段可以很严格地称为"青年学者"。"80后"就是正处于这个阶段的学者，这是最具有创新性、创造力的年龄段。但是在这个阶段，青年学者刚出道不久，在社会上还没有获得声誉，资源比较少，甚至发表论文都比较难，所以这也是需要社会给予扶持和支持的年龄段。第二阶段是40—50岁，这个阶段严格来说应该称为中年，当然也可以称作宽泛意义上的青年，创造力也达到了高峰期，相对来说是学术创作比较成熟的阶段，对应现在的"70后"。第三阶段就是50—60岁，这时学术研究已经完全成熟了，并且获得了很多的声望、荣誉，也有了一定的职称，有的成为像车浩老师在上午所引用的张建伟文章中的"泰斗"，就是学术带头人。但是这个年龄段的人，他们的学术创造力实际上是在减弱的，50岁以上的刑法教授还在发表论文的有多少？相对来说比较少，有很多50岁以上就不发表论文了。到了60岁以上，像我已经62岁了，就到了学术创造力的衰减期，创造能力在很大程度上减弱了。就我个人而言，这两年的论文产量也是越来越低了，都是出于总结目的而写的，是把过去的论文总结一下。

　　三四十岁的青年学者是我们刑法学研究的后备力量，也是生力军。我看今天发言的这些年轻学者大部分都有国外留学的经历，有的甚至取得了德国、日本的博士学位。他们能运用德日的刑法理论来分析我们今天的主题"诈骗罪"，他们对于在诈骗罪刑法教义学方面的研究有很多新的想法，这是很难得的。当然这些刑法知识还要跟我们的司法实践结合起来，所以今天下午就提供的具体案例来讨论，使得德日刑法知识在经过我们消化后尽量本土化，能够用来解决我们司法实践中的疑难问题。今天我们举办论坛的目的就是为了把刑法理论和司法实践结合起来，我觉得这一种形式是值得肯定的。在我们今天的论坛上，青年学者都有公开亮相、发表自己观点的机会。今天还来了一些出版社、杂志社的编辑，我也希望编辑们能够给我们青年学者提供更多的发表论文、出版著作的机会。

　　学术其实不是一个计划性的产物，不是评选谁是知名学者，谁就能当上知名学者。所以在学术界，其实有一种良性的学术竞争，在学术同行中脱颖而出、得到大家公认、获得很好的口碑，都是个人努力的结果。我认为这种学术竞争实际上是同年龄段学者之间的竞争，"80后"学者就是在"80后"学者之间直接的竞争，就看谁能做得更好；"70后"就在"70后"里竞争。基本上是在十年左右这样一个年龄段里，学者们互相竞争，而不是与上一辈的学者进行竞争。想我的导师高铭暄教授现在都90多岁了，今年被评为"人民教育家"，很了不得。我们的知识都是从他那里学来的，我们是他的学生，我们做得再好也不可能超过高老师，不能跟他去对比、竞争，我们只能在同年龄段里竞争。而且我们的学术研究有一种更替性，一代一代，不断地长江后浪推前浪。

现在我们是"50后"逐步退出学术舞台，"50后"可能还占据着各种"会长""副会长"的职位，而"70后"已经成为学术研究的中坚力量，"80后"则正处于一个发展阶段。时间总是不断向前的，"80后"再过十年就是我们刑法学界的中坚力量，只要你在同年龄段里做得最好，那你就是我们刑法学界的中坚力量。所以我们要和同一年龄段的人进行竞争。我们要有一种乐观的精神，有的人论文发表不了、书也出版不了，感到受到很大的打击，其实我们也是从这个年龄段过来的，只要你坚持不断地努力下去，只要做好自己，将来肯定有很多人来找你写论文、找你出书。关键是你能不能做好，如果能做好，将来机会肯定都有。人总是一代一代老下去，一代一代成长起来，这是必然规律。年轻学者还是要以乐观的精神来从事学术研究，只要坚持下去，不断地写下去，肯定能够写出好的作品。很多年轻学者写了几篇就放弃了，就甘心当一名普通的教师，不再是一名学者了。有些人虽然发不出文章，但还是不断地看书、不断地写、不断地努力，最后总能写出来。我也是从年轻时走过来的，对于这一点我是有切身体会的。我希望青年学者能够更加努力，能够发挥你们的年龄优势，能够为中国刑法学将来的发展作出更大的贡献！

谢谢！

主持人：高艳东

感谢陈兴良老师对年轻人的鼓舞与提携。我们特别感谢车浩教授能够组织这么好的会议，能够把这样的法学大家以及中坚刑法学者一起邀请到之江校区传道授业。

明天在紫金港校区，有一个关于网络犯罪的论坛，其中还有陈兴良教授的主题演讲。欢迎大家以各种方式聆听陈老师的教诲。

11月底，我们还会举办互联网法律大会，希望各位嘉宾继续支持。

总结人：李世阳

祝贺本次论坛圆满结束。

后记

吹响号角

首届"全国青年刑法学者实务论坛"于2019年9月21日在浙江大学之江校区小礼堂隆重举行。这次论坛的主题为"诈骗罪的理论与实务"。来自学术界、实务界和企业界的近百位学者共聚一堂，共同研讨诈骗罪司法适用中的前沿问题。

首届论坛由浙江大学光华法学院承办。以李世阳副教授为负责人的会务团队为此次论坛的成功举办备极辛劳，值得所有参会者首先感谢。感谢王敏远教授作为学界前辈，代表浙江大学光华法学院致开幕辞。感谢北京市盈科律师事务所名誉主任郝惠珍律师在开幕辞中表达的盈科所的支持和祝福。感谢于改之、赵书鸿、杜宇、柏浪涛、劳东燕、付玉明、李强、杨玉洁、江溯、张奎、何荣功、高艳东等多位学友同道与会支持，甘当绿叶。感谢周德金、胡宇翔、康烨、李剑、朱卫永、梁健等多位实务界贤达参会讨论，贡献灼见。感谢陈兴良老师的大力支持，陈老师专程与会并致闭幕辞，对论坛活动和青年刑法学者都是极大的鼓舞。感谢徐凌波、蔡颖、王复春、蒋太珂、邹兵建、袁国何、储陈城、姚万勤、马寅翔、邓毅丞、王俊、马春晓、徐然、王华伟、简爱、时方等 16 位青年刑法学者的精彩发言,他们是第一届"全国青年刑法学者实务论坛"的主角。

要特别感谢马寅翔、徐凌波、李世阳、邹兵建、袁国何、徐然六位青年学者,在论坛策划之初,我邀请这几位年轻的老师建群商量具体会务事宜,无数次反复讨论,形成了首届论坛议程的框架,也为后续论坛奠定了基础。他们的幕后付出值得铭记。

再精彩的发言也会稍纵即逝,只有形成文字留下来,那些充满真知灼见的声音才能长久回荡。本书没有采取纯书面文稿结集的方式出版,而是采取论坛实录方式,根据现场发言,由李世阳老师带领团队辛劳整理而成。这既是为了保留口头表达的生动性和可读性,让读者迅速了解到发言者的核心观点,也是为了与会者会后进一步整理论文正式发表的便利。感谢北京大学出版社与北京市盈科律师事务所的支持。特别是杨玉洁女士,她是出版品味值得信赖的合作伙伴,出版社高效迅敏的工作让第一届论坛集结成书,也为后续活动的持续接力吹响了号角。

以往牵头办会者,鲜见青年学者的名字。承办首次论坛的李世阳老师,是第一次负责操办这样全国性、高规格的大型会议,感慨颇多。以后每届论坛会在各大高校轮流举办,也希望给更多的青年学者历练办会的机会。在青年刑法学者的交流联谊中,在学界与实务界的持续对话中,"刑法新青年"必将一天天成长壮大。

是为后记。

车浩
2021 年 4 月 4 日
于京西见山居